骊山绣语

骊山物语

兰宇 著

陕西师范大学出版总社有限公司
西安曲江出版传媒股份有限公司

《骊山物语》系列丛书编委会

顾 问

段先念

总 编

李 元　赵文涛

副总编

韩佳卫　赵兴华　范 超
屈炳耀　屈瑞新

编 委

李 娜　杨 勇　李 明　段 伟

序一
骊山的气场

有一个地方,经历了三千年的繁华,还一直守护着中国文化源脉;有一座山,享尽着历史的殊荣,仍呈现着人间罕见的佳景,这就是临潼和临潼的骊山。不可无一,不可有二啊!2011年,西安以著名的"曲江模式",投资900多亿元,开始打造国家级旅游休闲度假区,临潼和骊山又一次荣耀于今日之中国。

临潼国家旅游休闲度假区以丰富的历史遗存,独特的文化属性,以及山水形胜的自然景观,构成"一心一带三湖四区五谷"空间格局,将于三五年内完工,但其文化建设却是一项长久的大工程。也正基于此,管委会策划、组织、出版《骊山物语》系列丛书。对于临潼和骊山,先前是有过一些图书,要么是旅游、指南类,要么是围绕秦始皇兵马俑的考古、研究类的,都无法承担起对临潼、骊山的文化结构梳理。《骊山物语》这套丛书意在整合临潼、骊山秦文化、唐文化、山水文化,并梳理其体系,比如女娲文化、梨园文化、丽人文化、游乐文化、石器文化、养生文化、温泉文化、园林文化、始祖文化等等,这就有了《骊脉归秦》、《咥哉寿康》、《女娲抟土》、《长恨歌词》、《华清宫苑》、《骊山绣语》、《梨园百戏》等二十多册。

这些丛书的作者,都是在各领域卓有成就的知名学者,他们考证严密,史料丰富,内容通俗,文笔生动。可以说,这是一套极具文史性、文学性、知识性、故事性的读物。它并不仅仅是周期性的品牌宣传,而是有着历史的和现实的意义,长久发挥着魅力。

作为一个西安市民,我在急切的关注着临潼国家旅游休闲度假区的建设,作为一个写作人,我推荐着这套《骊山物语》系列丛书,愿更多的读者接受和喜爱。

贾平凹

(作者系陕西省作协主席、当代著名作家。)

2011 年 6 月 5 日

序二
名山 · 名水 · 名人

"山不在高,有仙则名;水不在深,有龙则灵。"古人如此评价山水,是大有道理的。我不好说哪儿的山和水兼具了这一旗帜高标的准则,但我敢说,临潼的骊山与华清池,绝对拥有了这一切,甚至可以说,还大大地高出了这个标准。因为,在名山(骊山)、名水(华清池)之外,还有名人,还有诗。

"春寒赐浴华清池,温泉水滑洗凝脂","后宫佳丽三千人,三千宠爱集一身",及至安史之乱,"六军不发无奈何,宛转蛾眉马前死",白居易的诗,杨玉环的事。受宠在大唐君王李隆基之侧的杨玉环,千百年来更受宠在名人大家的情怀里,琢磨她该是怎样一种丰腴,胖乎乎婴儿一般吗?在骨头的缝隙里都填进柔弱凝脂的肉团团吗?想象中的她哪怕胖一点儿,却也是不失舞者的轻盈呢,加之她衣着上的华丽和开放,便俨然如一朵国色天香的大牡丹,盛开在大唐的天宫里,活泼着、健康着、美丽着,别具一格。我生活在西安,但我想,天下说得汉语的人,应差不多该与我一样,不只把这里的景色和人物收在了眼底,而更是深深地刻在了心上。

胖娇娃杨玉环只是其中一个人物,与她可以媲美的还有个褒姒姑娘。褒姒姑娘美到怎样一个程度呢?有记载的文字不如杨玉环多,我们不好乱作想象,但知好色的周幽王遍寻天下美女都不如意,直到褒姒入得宫来,周幽王可是一见钟情,宠之不及,爱之有加。可是他的百般呵护,千般宠爱,却无法换来美人一笑。为博美人一笑,烽火台上狼烟冲天而起,骊山脚下火速赶来救驾的诸侯军队,他们匆匆而来,又黯然退去。这一次退去的不只是诸侯的军队,还有周幽王的性命和西周的江山。

北方有佳人,一笑倾人国!

站在骊山之巅,泡在华清池的汤水里,我是会想起进入历史册页里的帝王和他们的嫔妃的，他们之间的悲情与浪漫，所勾连出来的无限暇想，不知还要催生多少让人唏嘘不已的怜悯之情啊！那是会幻化为片片旖旎，徘徊在人的心头，让人感觉到高耸的骊山和温润的华清池，都将无法躲避地沉浸在那浓得化不开的情感纠结和绝唱中了。

当然，两位艳绝历史的美人，甚至两个风情万种的帝王，都还不足以涵盖骊山和华清池的大名。这里还有千古一帝秦始皇的陵寝，以及为他陪葬的兵马俑，如真人一般的，列队威武的兵马俑啊！吸引来多少国家的政要与文化大家，千里万里的，漂洋过海而来，他们是要惊叹了，惊叹那埋在地下的被称为世界第八大奇迹军阵。

不用翻资料，也不用问别人，就在骊山之上，就在华清池之滨，有着太多太多的文化遗迹，老君殿、老母殿、烽火台、达摩洞、秤锤石、饮鹿槽、遇仙桥、举火楼、舍身崖、石瓮谷、晚照亭、兵谏亭……任意地往下罗列，我不知要废掉多少笔墨呢！是的，我不好肆意啰嗦了，因为每一处文化遗迹，都有他不可取代的地位和故事，那么，我就最后说说补天补地的女娲娘娘吧，她可是我们中华文明史上的老祖先哩。

女娲娘娘的洞天福地就是骊山上的老母殿了，殿前有一方平场，传说女娲娘娘抟土造人，最初是依靠着人的性格，配着对儿来捏的，捏成后，恩恩爱爱的晾晒在平场上，但是不好，刮来一阵风，带来一场雨，女娲娘娘可是担心晾晒着的人儿的，她胡乱的收起恩恩爱爱的他们，堆在老母殿里，等到风散云去，阳光明媚，她又从老母殿里拿出泥捏的人儿。问题出在了这个时候，女娲娘娘把恩恩爱爱的人弄乱了，再也配不成原来的对对儿了，造成的后果是，恩恩爱爱的人儿少之又少，而一个哭的搭着一个笑的，一个笑的搭着一个哭的人儿多之又多，不胜枚数了。

对于此，我们是不好赖女娲娘娘的，她依然不知疲倦的创造着人类。就在这时，水神共工和火神祝融大战天地间，共工败而怒触不周山，遂使天柱折坏，天倾西北，地陷东南，人间遭受了一场可怕的灾难。女娲为解子孙的安危，她端来东海之水，浇灭了大地上的火，又从大江大河拾来彩色石子，炼成石浆，擀成一张一张的石饼，先补好了天，又补好了地。为了纪念补天补地的女娲娘娘，人们把她尊为天下"老母"，并在农历正月二十日吃烙馍，过"天穿节"，祭祀"老母"的救世功勋。

历史文化异常丰富的骊山和华清池所在地临潼,有说不完的故事和传说,我在想,她还会创造新的故事和传说。

就在现在,就在今日,临潼迎来了一次创造历史的新机会。这个机会虽不能与女娲娘娘补天补地大功媲美,但也有其独具风采的一面,也就是说,女娲娘娘的补天补地,只是一个遥远的传说,而独具风采的这一次机会,却是真真切切,实实在在的一个事实。

创造这一机会的是站在西安发展潮头上的曲江管委会,他们遵循西安市委、市人民政府的决策精神,于 2010 年 2 月 11 日挂牌成立了西安曲江临潼国家旅游休闲度假区管委会。2010 年 4 月 29 日,这个国内最大、最具国际化水平的旅游休闲目的地——临潼国家旅游休闲度假区,拉开了建设序幕。一年时间过去了,这些规划在纸上的项目,已大见成效,不仅如此,骊山文化景区、中央湿地公园、骊山影视基地、生态谷等项目的建设也已启动。相信,不久的将来,这个区域面积 27.33 平方公里,集文化旅游、休闲度假、康体养生、温泉疗养、商贸会展为一体的具有国际影响力的国家旅游休闲度假区,将傲然矗立在世人面前。

自然、历史、人文是这一区域发展的依托资源,绿色低碳、城乡统筹是这一区域发展的基本理念。为了更好地实现这一目标,西安临潼国家旅游休闲度假区的建设者策划出版了《骊山物语》系列丛书,其分册兼具历史文化与旅游休闲内涵,彰显度假区独特气质,我们期待丛书的早日面世。

(作者系西安市作协主席、当代著名作家。)
2011 年 6 月 6 日

引言

辉煌与忧伤的挽歌

骊山是中国的中央公园——大秦岭的一脉,古长安城的东大门,远望如一匹青苍雄奇的骏马,安卧于钟灵毓秀的关中平原中南部,因景色秀美,人又称其为绣岭。其最高峰九龙顶海拔 1301.9 米,山势逶迤,四时有不凋之树,三春有飘香之花,景色迷人。

山中有温泉汩汩涌出,43 度的恒温,不受四季变化的影响,"不以古今变质,不以凉暑易操。"每小时流量 113 吨,数千年来,"与日月同流,无霄无旦,不盈不虚,将天地而齐固。"带着远古大洋的余波和大地深处的体温,千年不绝。

骊山虽然"崇峻不如太华,绵亘不如终南,幽异不如太白,奇险不如龙门,然而三皇传为旧居,娲圣既其出冶,周、秦、汉、唐以来,多游幸离宫别馆,绣岭温汤皆成佳境。"骊山以温泉为神,秀美而不拒人于千里之外,温泉以骊山为形,氤氲而不失妩媚。山水的相得益彰更是将这座浓情温润的绣岭化作万千中华儿女的精神家园,接纳着无数的尘世过客,从远古姜寨村落里的先民,到周秦汉唐的帝王,从登高能赋的迁客骚人,到倾国倾城的绝色佳人,骊山都一如既往,用温暖的泉水为他们洗涤人世间的一切烦恼。骊山阅尽繁华,也阅尽沧桑,人的气息在这里越积越丰厚,山的格调也越来越雍容。

站在骊山高处,遍览临潼大地,平坦美丽、农田如织的渭河冲积扇平原尽收眼底。而凭眺骊山,沟壑纵横、绿荫如盖的山原到处都有名垂青史的胜迹,烽火台、老母宫、老君殿、名圣宫、三元洞、石翁谷、石翁寺、晚照亭、遇仙桥、兵谏亭、鸡上架、饮鹿槽、牡丹沟、达摩洞、日月亭,华清宫里的翠荫亭、三元洞下的碑林、骊山山间的芷阳湖、凤凰池等等,犹如璀璨的明星,熠熠闪耀着光辉点缀在骊山间。

倚高望远,遥想当年,人文初祖将人类最初的家园安放在了骊山的脚下,与华夏文明一同走过一段历史时光,并把骊山的性格基因深深地烙在中华民族文化记忆的深处，这种性格就像汨汨而出的温泉，不绝如缕，平静而绵长，柔软却强大。姜寨的先民选择骊山脚下定居的时候，他们一定没有想到，有朝一日，这小小的村寨，会是后来世界上最大的都城的蓝本。秦始皇统一六国之后，"徙天下富豪于咸阳"，咸阳宫、上林苑，大批别馆和集天下宫殿大成的"六国宫殿"，都在二世时期被毁掉了，但当年秦始皇在骊山脚下复制的咸阳城却被保留了下来——秦始皇陵。秦始皇将自己永恒的家安放在了骊山，这里也是他的父亲母亲乃至祖父最终的归宿。按照司马迁在《史记》中的记述，秦始皇嬴政将山河大地、宇宙万物一股脑地搬到了骊山，那里不仅有宝石嵌就的日月星辰、水银灌注的江河湖海，还有按照咸阳城布局建造的城池、六国名城中获得的奇珍异宝，更有一支庞大的地下军团，两千年来一直拱卫着他。

嬴政传奇般的城市，后来作为废墟被一个从遥远的沛县赶来的胜利者拥有，他就是汉高祖刘邦。千年之后，又是在这里——骊山，唐玄宗李隆基与杨贵妃讲述了一段惊世恋情。

如果说长安是文明生长中崛起的大城，那么骊山就是造物者的鬼斧神工；如果说长安是"朝"，那么骊山就是"野"；长安是进取的，骊山则是闲适的，一张一弛之间，城市山林相映成趣。在骊山之巅，可以建一个"望京楼"，悠闲地眺望长安城中的十丈红尘，在长安的城楼，也可远望骊山的隐隐翠色，凭白就激起世人满腔的向往，虽不能往，心向往之。李隆基与杨玉环独独要选这里山盟海誓，也就不足为奇了。想必，张骞带回安石榴在骊山漫野发生，也存着一念，希望后世的人在骊山上赏玩时，看到石榴能依稀记起博望侯。

骊山的钟灵毓秀，曾引发张衡、庾信、李白、杜甫、白居易、杜牧、张养浩、袁枚、郭沫若等古今文人骚客文思诗兴。笔者有幸在骊山脚下工作，身在此而感触良多，拙笔写下《骊山绣语》书稿，虽笔力有限，却句句是对这座不平凡的山虔敬的献礼。希望骊山在西安国家旅游休闲度假区开发建设中，重现昔日光辉，一如漫山遍野的安石榴一样，火红艳丽，千年永存。

兰 宇

2011 年 9 月 19 日

目 录 CONTENTS

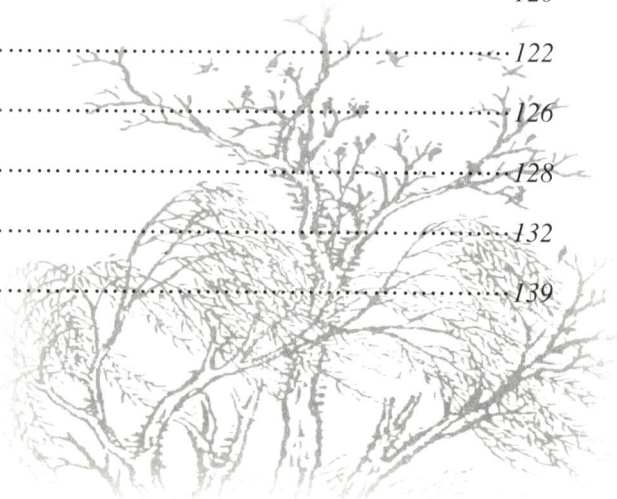

『第一章』

骊山山水神奇美

一、骊山隐脉多神奇

◎ 秦龙地貌图

骊山是秦岭东部的一条支脉，是我国古今驰名的风景游览胜地之一，地处西安以东的临潼区境内。

骊山作为秦岭山脉的一条重要支脉，从地质条件方面来讲，是燕山晚期上升形成的突兀山脉，其形状呈北高南低的断块山势，以"秀美"而闻名于天下，因此又名曰"绣岭"。骊山曾分为东绣岭和西绣岭，西绣岭上主要分布有烽火台、长生殿遗址、晚照亭、老母殿、老君殿、兵谏亭、三元洞等著名景点；东绣岭主要分布有上善湖、七夕桥、上德苑、达摩洞、举火楼、石瓮寺、石瓮瀑布、鸡上架、遇仙桥、秤砣石等著名景点。前人还给骊山绘有胜迹图，图里的浮雕造型表现的分别是女娲补天、长生殿盟誓、遇仙桥、秦始皇戏神女、张骞出使西域等美丽、神奇的传说。因此，骊山是具有独特的文化与艺术韵味的历史名山。

骊山也是中国的名山之一，其森林景观独具特色，山上有千亩侧柏林，还有柠柏、八戒显形树、柿树等。骊山的火晶柿子名闻三秦，其形圆润小巧，其状玲珑鲜润，令人欣喜不已。特别是在深秋成熟之时，火晶柿子于漫山遍野呈现出红彤彤的景象，仿佛星

◎ 明 王圻 骊山图,
采自《三才图会·地
理八卷》

罗棋布的红灯笼,让人眼睛为之发亮。每个柿子都晶莹剔透,犹如巨大的红宝石,悬挂在一棵棵树冠丰茂的柿子树上,形成特殊的景观,令人迷恋而陶醉。火晶柿子不但颜色红艳,而且味道甘甜醇美无比,是骊山珍贵的特产。骊山脚下的万亩石榴园更是今天临潼的一道巨大景观,每到春夏之交的五月份,遍地的石榴花灿烂开放,俨然元宵节的灯笼,挂满绿莹莹的树冠中,古代诗人写的"五月榴花红胜火""五月榴花照眼明"等美妙诗句,都是形容这样的景象的。到了金色十月,石榴果实成熟了,石榴个大、色艳,果实表皮或红或红白相间,掰开果实,里面包含红子,整齐有序地排列在一起,仿佛翠红玛瑙、珍珠,水分饱满,吃起来甘甜、清洌,令人难忘。柿子和石榴是临潼两大经济作物,每年为临潼的父老乡亲带来丰厚的收入,支撑着渭河南岸广大居民的生活费用,它们既是迷人的景观,更是经济支柱,所以说它们功德无量。

峻峭的骊山山势断层地貌别具一格。中华上下五千年文化在骊山上均留下了难以抹去的烙印,古迹遗址星罗棋布、鳞次栉比,历史文化博大精深、离宫别墅显示着皇家风范,骊山脚下的地热温泉,极具魅力。"骊山云树郁苍苍,历尽周秦与汉唐。一脉温汤流日夜,几个荒冢掩皇王。"郭沫若先生的这四句诗恰到好处地向人们诉说着骊山美丽无比的自然风貌和深厚悠远的历史意蕴。

骊山钟灵毓秀,是大自然对关中平原特别的馈赠。登上骊山,向前方远眺,越过繁花似锦的果园和开阔平旷的田野,在风和日丽、天气格外晴朗的日子,你可以清楚地看到不远处,像银练一样的宽阔水域,缓缓地旖旎地从八百里秦川流淌而过,这就是关中平原的母亲河——渭河。身临其境,可以强烈地感受到,在你的脚下,横亘着厚重的、富庶的土地,这真是令人骄傲的山清水秀的锦绣河山。

在骊山山区中间,有一条美丽壮观的瀑布,将骊山山脉分为两个山岭,也就是当地人非常熟悉的东绣岭和西绣岭。当地人之所以将这两个山岭称为绣岭,是因为整个山岭绿荫葱翠,繁花似锦,俨然织锦刺绣一样美丽迷人。每当太阳朗照,晴和异常的天气,满山一片万紫千红景象,特别是夕阳西下之时,绮丽的霞光映照在山坡上,绿树翠盖与璀璨殷红的霞光相映,山色烂漫无比,仿佛彩练般令人迷醉,这就是著名的"骊山夕照"风光,是千古以来传颂天下的"关中八景"之一。北魏时期的一通《温泉碑》这样描写骊山风光:"彩霞争翠,绿树成行,秀风旦起,文霞晚张。"意思是说,骊山风光秀丽,绿树满山遍野,繁花似锦,不管是早晨,还是晚上,到处都是美丽迷人的霞光。

◎ 骊山间的山泉流水

有山有水,山水相连,这才是真正完美的自然环境。骊山的最高峰是临潼的仁宗乡所在的仁宗庙一带。仁宗庙也叫人祖庙,海拔1302米,站在仁宗庙,眺望秦川,绿茵覆盖,平川广袤,一片勃勃生机尽收眼底;若在夜间,眺望川原,人间万家灯火映照天空,令人浮想联翩。由于骊山植被丰茂,土地肥沃,地质优良,山谷中潺潺的流水,滋润着丰饶广袤的大山和川原土地。从骊山流出来的河水很多,比较有名的有零河、临河、戏河等。零河发源于蓝田县北山一带,沿着临潼和渭南交界之处,向北流入渭河。临河发源于骊山最高峰仁宗庙西侧,向北流出临潼二里地之后,和另一条发源于骊山的潼河融汇在一起,向西北流去,最后也汇入渭河,而由于临河和潼河的交汇合流,临潼便因此而得名。最可贵的是,这两条河流里的水总是一片温热,有这两条河水的浇灌,当地长出来的韭黄色香味俱全,特别爽口好吃,名叫"温汤韭黄",名闻天下。戏河也发源于仁宗村一带,经过新丰镇,向北流入渭河。戏河的得名有一个小故事,传说周幽王自从得到了美人褒姒之后,经常带她到这里戏水玩耍,所以当地人给这条河起名为戏河。

骊山高耸,翠美异常,地质独特,矿藏丰美。骊山脚下川原与河流交相辉映,构成了秀丽风华的地理环境,同时也蕴含着丰实厚重、瑰丽神奇的人文历史传说。

从千年古都西安出发,乘车向东行驶十多公里之后,你会发现,在你视线的右前方,有一座绵延起伏、又有很多深浅不一的沟壑相间的黄土高原,在黄土高原的上面,还有一条蜿蜒起伏、重峦叠嶂的青翠山峦,逶迤伸展,而且愈来愈高峻险要。当你进入临潼区以后,这条山脉将与你接踵摩肩,甚至亲切相融,它莽莽苍苍,伟岸峻拔,翠绿满目,绮丽迷人。这就是著名的融自然与文化于一体的骊山。

关于骊山名称的来历,有三种说法:第一种说法是,在商周时期,这里是骊戎国所在地,故名骊山。在唐代,临潼被命名为昭应、

◎ 骊山的莽莽峰峦

会昌,骊山因此改名为昭应山、会昌山。自周秦汉唐以来,这里一直是皇家园林之地,行宫别墅众多。另一种说法是,骊山从远处看山形酷似青马,所以得名为骊山。还有一种说法是,传说女娲炼石补天时,曾有一匹勤劳的骊马不辞劳苦地为女娲驮运五色石,却不幸被石中火焰烧死,它死后变为此山,人们为了怀念这匹曾经立下赫赫大功的骊马,所以将此山起名为骊山。

骊山东西绵亘 25 公里,南北宽约 13.7 公里,海拔 1302 米,总面积大约 342.5 平方公里。骊山一年四季松柏常青,壮丽翠秀,确实像一匹青苍的骊驹,由东向西奔驰腾跃。古代典籍《古迹志》云:骊山"崇峻不如太华,绵亘不如终南,幽异不如太白,奇险不如龙门,然而三皇传为旧居,娲圣既其出冶,周、秦、汉、唐以来,多游幸离宫别馆,绣岭温汤皆成佳境"。这是从自然景象和人文意蕴两方面对骊山所作的生动描述。

自从大型纪录片《大秦岭》播出以来,具有中国地理分界线之称的秦岭迅速成为全国观众热议的话题,媒体将秦岭誉为中国的中心公园。因而,骊山也完全可以被誉为临潼的中央公园。在人们极其重视低碳生活环境的今天,一个地方有这样美好的自然资源,应当感谢上苍慷慨的馈赠与垂青,生活在此地的人们应当被称为幸福的人们。何况,骊山还是一座充满神奇色彩、具有深厚人文积淀的文化山。

骊山脚下的临潼在远古时代相传为古骊戎国所在地,秦代时称为骊邑。汉代又称为新丰县。汉代在这里置了新丰县后,将它隶属于京兆尹管辖,也是当时国都的重要屏障之地。后汉时再移阴盘县于此。晋代仍称这里为新丰县,却兼置了阴盘县,属于京兆郡辖地。后魏沿袭了这样的设置和称谓。隋朝初年,朝廷将阴盘县划归新丰县,设置了雍州行政机关。隋代大业初年,这里再划归京兆郡管辖。至唐代改为雍州管辖。武则天垂拱二年(686 年),这里改名为庆山县,唐中宗神龙初年(705 年)将其改回新丰县。唐玄宗天宝三年(744年),朝廷将此地分为新丰、万年两个行政区,并设置了会昌县。天宝七年(748年),重设了新丰县,并将会昌改为昭应。宋代大中祥符年间(1008—1017年),因本地濒临水潼水,所以将本地改名为临潼,归属京兆府管辖。从此以后直至今天,临潼这个名字就再也没有变更过。公元2000年临潼由县升为区,隶属于西安市管辖。

今天的临潼区位于陕西省关中平原的中部偏东,地理坐标为东经109°5′49″~109°27′50″,北纬34°16′49″~34°44′11″。她南接蓝田县,距城区20公里;北邻富平县,至城区49公里;西北与三原县接壤,距城区44公里;西毗连高陵县,与城区相距21公里;东以渭南为邻,距城区35公里;西南与西安市灞桥区为界,至城区25公里。

临潼自古为关中要冲,是古都长安的东大门,地理位置十分重要。清代编撰的《临潼县志》记载:"临潼之为邑,最近郡而处正东,实一郡之门户也。自京师使命至陕,又西而至兰州,又西而出嘉峪,涉新疆,其西南则至成都达于打箭炉以至于定西将军之军营,莫不喉噎乎潼关,喘息乎西安。会城而迂劳皆在临潼,自数道还走京师亦如之。"临潼距离首都北京直线距离为900公里,有经郑州与太原两条铁路和公路相通(经河南郑州至北京1185公里,经山西太原至北京1225公里)。

临潼地处东西部经济区域接合部,也是关中—天水经济带的核心区,区位优势得天独厚,交通也十分优越、便利。临潼境内建有西部最大的铁路编组站,陇海、西延、西康、西南铁路在这里交会,已与国内各地及欧亚大陆桥形成了巨大的联网枢纽。108国道、西禹、西潼高速公路等与铁路形成庞大的纵横交通网络,为西安和周边的经济联系发挥着极为重要的作用。从长远角度来看,临潼区特别是新丰镇,将具备一种强聚集和远辐射的中国腹地交通枢纽作用,在发展物流仓储业中,具备了坚实的基础和强大的物资与资源储备优势。

临潼地跨渭河两岸,在宋代以前,渭河之南,骊山脚下,曾有丽城、骊戎城、郦邑、芷阳、霸陵、昌陵、霸城、新丰、阴盘、鸿州、鸿门、庆山、会昌、昭应诸县;渭河之北,泾河之南,则有栎阳、万年、广阳、郖县、平陵、粟邑诸县。在一定的历史时期,历代统治者所设县治的地域均可视为临潼古代地域的延伸。

在远古时代,临潼就有新石器早期原始村落遗址、姜寨新石器原始村落遗址、康家新石器晚期村落遗址等,在夏代属于古雍州之地。商周时期,商代本县境内曾有丽国,设置丽城;西周时变为骊戎国,设置骊戎城。到了秦代,临潼南部偏西设有芷阳县,偏东有郦邑,渭河以北地区有栎阳县,若以这三县为临潼的故地,则秦时其地域延伸至渭河以北,东至下邽(今渭南市北部下吉一带)、北至频阳(今渭南市富平县)、西至云阳(今陕西省泾阳县)、高陵(今西安市高陵县);渭河以南,东至郑县(今陕西省华县),南至蓝田(今西安市蓝田县),西至咸阳(今陕西省咸阳市)这一广大地区。

◎ 临潼姜寨原始村落
复原图

临潼区现今的地域,东西最宽处为 33 公里,东以铁炉乡邓家沟与渭南贠曲乡相接壤,西以西泉乡之椿树村与西安市灞桥区新合村为界,南北最长处为 51 公里,北部以关山乡西王村与富平县华阴乡柏树庙村相连接,南部以东岳乡上宋村与蓝田县金山镇核桃园为界。以城区为中心,东至渭南县界 22.5 公里,西至西安市灞桥区界 9.5 公里,南至西安市灞桥区界 2.5 公里,北至富平县界 36

公里。面积915平方公里,管辖着骊山街道、秦陵街道、新丰街道、代王街道、斜口街道、行者街道、马额镇、零口镇、雨金镇、栎阳镇、交口镇、相桥镇、北田镇、油槐镇、西泉镇、何寨镇、铁炉乡、穆寨乡、小金乡、任留乡、土桥乡、新市乡、徐杨乡等20多个街道、镇、乡。临潼区区内文物资源丰富,工业门类齐全,农业生产条件良好,是世界著名的旅游胜地之一。国务院于2008年5月份批准了西安市第四轮城市总体规划,临潼区被规划为三个周边新城之一。临潼新城的区域及功能主要有旅游、装备制造、商住等板块和产业,其中秦始皇陵、秦兵马俑、华清池、骊山等5A级景点所在的老城区随城市功能转移将成为旅游景区,骊山沿线正在建设国家旅游度假区,同时正在打造凤凰池风景区,代王、新丰组团成为以装备制造业为主的工业物流园区,新区被规划为区委、人大、政府、政协等行政机关新的所在地,将建成以政务、办公、管理为依托的城市特色功能区,新区以北正在建设渭北工业新城。

二、骊山名木万古青

骊山古树名木很多,以胡王汉槐为最,而最著名的要数夫妻古汉槐。在骊山东绣岭下,有一个胡王村,村中小学院内有一千年古槐,就是胡王汉槐。在关中,很多村子都有百年甚至千年大树,这些大树就成为村子的标志和象征。

走进胡王村,沿着村中蜿蜒的街道,还未走到学校门前,就能看见校园里那棵高大的老槐树。老槐树树冠高耸,在全村树木间,显得很是突兀。学校较小,千年古槐巍然屹立于校园的东南角,为校园增添了无限风光。

若无当地人指引,人们很难注意到这棵胡王汉槐。村里人没有将它作为景点开发,但还是有人慕名前来探访。

胡王汉槐是一棵具有悠久历史的老树,相传它与鸿门宴的故事有关。话说当年刘邦打入关中灭秦进驻咸阳后,就派兵镇守函谷关,想搞自己的独立王国。项羽在中原灭掉秦帝国主力以后,也向关中挺进,但他发现函谷关有刘邦的军队把守,

◎ 项羽雕塑

很是生气,率军攻下函谷关,随后驻扎在骊山东面的鸿门一带。当时刘邦的军队在灞上,位于骊山的西麓。这样,两军对阵,一触即发。刘邦手下的曹无伤偷偷派人给项羽打小报告,说刘邦想在关中称王,把内阁人选都定好了。项羽大怒,认定刘邦是一个摘桃派野心家。加之项羽的军师范增说,刘邦过去不仅贪财而且习惯耍流氓,现在一入关变了,变得和以前大不相同,十分廉洁自律,不近女色,也不贪钱财,看来志向不小。范增还说,他叫人给刘邦看了天象,灞上一带的云彩五彩斑斓呈现出龙虎的样子,这是皇帝的征兆,一定要消灭他。范增的话捅到了项羽的心窝子,项羽想,刘三还有帝王之相?项羽大怒,准备第二天早上犒劳士兵之后,一举消灭刘邦。在这紧急关头,刘邦的军中来了一个客人,项羽的叔父项伯,他来救自己的老朋友张良,因为张良曾经救过他。张良得知消息后,就赶快给刘邦汇报了,刘邦惶惶如丧家之犬,没了主意。刘邦想,以自己的10万军队如何打得过项羽40万军队?就在无奈之下采纳了张良的建议,让项伯给项羽带个话,说自己没有称王的意思。刘邦脑子转得飞快,不仅嘴巴甜,而且把项伯叫大哥,最后还许诺和项伯做儿女亲家,希望项伯从中予以调解,以作缓兵之计。项伯是个老实人,说话我给你带到,但你要亲临鸿门向项羽谢罪,并嘱咐旦日不可不早来。

第二天一大早,刘邦来到鸿门,宴会上,项羽谋士范增令项庄舞剑,欲刺刘邦,项伯急忙拔剑起舞,以身掩护。气氛十分紧张,险情时有发生。刘邦部将樊哙闻讯拔剑执盾闯入帐内,喝冷酒吃生

猪肉,项羽很惊讶,赞叹他是壮士,气氛稍有缓和,樊哙才得以替刘邦申辩。樊哙说,刘邦占领咸阳以后,把一切都收拾得好好的,就是等待项王的到来。再说这些都是事先说好的,先入关中者为王,而刘邦并没有称王。这一番话说得项羽没话说,很尴尬,只是说,坐,坐。最后刘邦以上厕所为名仓皇逃回自己军营。刘邦逃离之前,还问手下,没打招呼就走,合适不?樊哙说,大行不顾细谨,大礼不辞小让。如今人家是刀俎,我方是鱼肉,不用辞别。于是刘邦让张良留下来处理后面的事情,并给他留下了玉璧、玉斗等礼物,叫交给项羽和范增。刘邦嘱咐张良,估算他到军营后再进去,便抄小道沿着骊山潜回了军营。

刘邦从小路走不仅行动不被察觉,而且只有 20 里,是大路的一半。他行至骊山脚下的胡王村时已经筋疲力尽了,便躺在这棵树下休息,老百姓对他以礼相待,使他倍感欣慰。后来刘邦打败项羽称帝以后,为了感谢这个村庄人民对他的关心,便把这个村子叫"护王村",把这棵槐树叫"护王槐"。因"护王"与"胡王"谐音,时间久了人们便讹传成今天的胡王村。胡王汉槐能生长到现在,因为传说是皇帝所封,不能随便碰撞,否则将会大祸临头。

胡王汉槐年代久远,其造型超群,树干中空,填以水泥,又用铁架支撑,是树中的垂垂老者。但枝叶依然茂密碧绿,远望形似一把巨型大伞,直撑天地间。初看仿佛数树合一,细看是枝干横生,似群龙盘踞,枝叶扶疏,婆娑多姿。树上共有六条大枝,盘虬四伸,细枝合围,粗枝两个人才能抱拢,长枝数十米,短的也有四五米。有走南闯北见多识广的人感叹说,这样的树全国少见。无独有偶,在秦始皇陵园边的董沟村,也长着一棵千年国槐,从树冠分叉处不断流出液体,就像老槐树流出的泪水一般。是什么事情让它这般伤心动情呢?董家沟古槐有两米多粗,树身高十多米,好像一个彪形大汉。树下端有一块铁牌,注明"光绪三年立",其他字迹因年久剥落已湮灭不清了。据村里老人们说,这棵槐树与胡王汉槐为同年同月栽种,两棵槐树合称为"夫妻槐"。若论"性格、相貌"等,董沟村这棵槐树应该是"丈夫"槐,这棵槐树虽然缺枝断梢,却顶天立地,给人以信心与力量,所以有人给它起名叫"丈夫槐"。而胡王汉槐则是多枝多条,身姿婀娜,含情脉脉,更像女流。有人会问:既然是"夫妻树",为什么又"分居"两地呢?当地民间传说槐树能避邪,槐字由"木"与"鬼"组成,槐木能降妖打鬼。秦始皇为了死后免遭骊山 70 万刑徒冤鬼纠缠之灾,就派人把这棵长势端直的槐树挖来栽在他的陵园旁镇妖避邪。从此,这棵槐树就定居在这里了。直到今天,它还侧身南望,盼望着"夫妻"能早日团聚呢。

据《临潼县志》记载,胡王汉槐树围 7.65 米,树干高 3.5 米,树冠直径达 13.6 米,能够遮住 400 平方米的阴凉。她仿佛是胡王村的保护神一样,巍然挺立在村中央的校园里,呵护着这里的人们,给他们带来福祉。

在临潼还有一个村子,街道两旁都是古槐,虬枝盘绕,历经岁月的沧桑而苍翠挺拔,阳光下茂密的树叶撑起了一片清爽的绿荫;阴霾中伸展的躯体,遮挡住了风雨的侵蚀,当平凡构成了岁月的长河,不变的平凡就铸成了世间的奇迹。举头仰望那古老的参天大树,你会感觉到生命的故事在她的枝杈间漫流,岁月的记忆在她的躯干上镌刻。

古树名木的形式结构非同一般,色彩和谐,如诗如画,文化内涵深厚,都有神奇的传说故事,使其从一般自然树木升华为特殊树木,从普通现象跃入美境,使那些具有好奇心理的游人到此地总要欣赏一番、议论一场,并

◎ 骊山胡王汉槐

从中得到生命的启示，上升到更高的精神境界。法国生态伦理学家施韦兹认为，人类要"敬畏生命"。中国人在自己的智慧之书《周易》里说，人在天地之间，应该协助天地化育万物，并认为这是大德。站在大地之上，自然之物对人类的启迪，不只是满足人们的玩赏好古与猎奇，它还给予了人们一种想象，一种关于生命智慧的美好物象指认。

三、骊山胜迹今遗存

石瓮寺坐落在临潼骊山石瓮谷东侧的东绣岭山脉之中，是唐代名刹，原名叫福崖寺。石瓮寺前有一座绿阁，昔日的残址今天还依稀可见。在寺的西山涧，有一条悬泉流瀑，多年击石成皿，形状酷似瓮，所以得名为石瓮寺。这里山势险峻，沟大谷深。古文献记载："绿阁在西，红楼在东。下有剑悬瀑布千尺，水声淙淙，击石飞溅，天长日久冲蚀所就，其形似瓮，故称石瓮谷。"谷底深邃，上下

◎ 石瓮谷瀑布

曲折，幽谷奇景是骊山最为奇险迷人之所在。

相传唐代开元年间，唐玄宗因为崇奉道教，在骊山西绣岭建造了长生殿、朝元阁等。杨贵妃却笃信佛教，也在东绣岭修建了石瓮寺。石瓮寺和长生殿、朝元阁形成呼应。石瓮寺是用建造华清宫剩下的材料建成的，里面的佛像是当年很有艺术造诣的雕塑师塑造的，也有人说，寺内的玉石佛像是从幽州运来的，精巧无比，叩之如磬，具有很高的观赏价值。据唐人郑嵎《津阳门》诗自注："开元中，以造华清宫余材修缮（石瓮寺）佛殿。中有玉石像，幽州（安禄山）所进。与朝元阁道像同日至。精巧无比，叩之如磬（今玉石

像失）。余像并杨惠之塑，脱空像皆元伽儿之制。能妙纤丽，旷古无俦。"

今天的石瓮寺和唐代的旧寺已有了很大的差别，经过上千年的历史演变，随着风雨的侵蚀和战争的毁坏，在人们不断的整修中发生着巨大的变化。石瓮寺坐南面北，有前殿三间，后殿五间，西厢房三间，这些都是清代重新建造的。后殿内有三大菩萨像，两个肋沙石造像。石瓮寺旁的山岭上松柏挺翠，郁郁葱葱，为东绣岭营造出美丽幽静的自然胜境。石瓮寺不光是佛教的圣地，更是人们春天"踏青"，盛夏"避暑"，金秋"赏菊"，隆冬"观雪"的好地方。一位无名诗人《石瓮寺灯魅诗》中说："凉风暮起骊山空，长生殿锁霜叶红。朝来试入华清宫，分明忆得开元中。""金殿不胜秋，月斜石楼冷。谁是相顾人，褰帷吊孤影。烟灭石楼空，悠悠永夜中。虚心怯秋雨，艳质畏飘风。向壁残花碎，侵阶坠叶红。还如失群鹤，饮恨在雕笼。"

20世纪50—70年代，中国大地普遍遭遇大旱，毛泽东主席号召全国人民兴修水利，各地群众都在热火朝天地修建水库，在骊山上，临潼人民就修建了有名的芷阳湖水库。芷阳湖的水是从石瓮寺山沟里流出的山水，当时，石瓮寺沟里住着几户山民，他们背靠山崖建屋，傍水植树，使这里呈现出花繁草盛、莺歌燕舞、虫唱蝉鸣的美好景象。居住在这里的人们在茅草屋或者砖瓦房里，日夜能够聆听溪流的欢唱；站立场院里，可以望见蓝天白云如诗如画，夜空里的星星璀璨耀眼；平时，这里是一片静谧的田园生活氛围，令人向往。

◎ 1957年的石瓮寺

石瓮谷在当地人的俗称中叫"寺沟"，古代文献《雍胜略》写道："石瓮谷在(临潼)县东五里南山，半腹有石瓮寺。"《两京道里记》中说："石瓮谷有悬泉激石成臼，似瓮形。"这就是石瓮谷和石瓮寺名字的来历。骊山石瓮山谷中的水没有汹涌澎湃、吼声如雷的气势，也没有磅礴雄伟、狂放不羁的野性，却充满了皇家园林细腻妩媚、诗意悠然的风致，也洋溢着民歌小调似的委婉缠绵。石瓮谷中还有瀑布，当地人叫飞泉。而石瓮谷中的泉，像庐山瀑布那样，也是从天上"飞流直下"。

进入石瓮谷中，只见峰连岭续，重峦叠嶂，一片静谧景象，仰视白云飘绕山腰，俯瞰溪流潺潺谷底。山谷南端是悬崖峭壁，像一道巨型屏风，挡住了深入骊山的路径，这就是人们常说的石鱼岩。石瓮谷的瀑布从石鱼岩顶上飞奔而下，形似白练，直落山涧。水在谷底盘旋激荡，然后沿着河沟奔流而下。站在河谷，远望飞流，使人能够联想到王维"瀑泉吼而喷，怪石看欲落"的景象。

石瓮寺建于华清宫之后，石瓮寺的名字是唐玄宗李隆基起的。骊山西绣岭的老母殿、朝元阁、老君殿、三元洞等，都是道教圣地，被圈在华清宫宫墙之内。石瓮寺则在宫墙之外的东绣岭上，唐朝皇帝把老子认作他们的始祖，重道自不必说；而唐朝很多皇后、皇妃崇信佛教，所以在东绣岭建石瓮寺，也是情理中的事。

当年唐玄宗"以（石瓮）谷名（石瓮）寺"，《太平广记》卷三七三《纂异记》说："开元初，玄宗治骊山，作朝元阁，立长生殿，以余材修此寺。群像既立，遂设东幢。帝与妃子自汤殿宴罢，微行佛庙，礼施迦竟，妃子谓帝曰：'当于飞之秋，不当今东幢无偶。'帝即命立西幢。"风流的李隆基、杨贵妃在华清宫待得久了，步出宫墙，到这里来参佛，也是不为过分的。

骊山东绣岭、西绣岭以石瓮谷为界，盛唐时在这里东筑红楼，西筑绿阁，遥相对峙。红楼里有唐玄宗的题诗，御笔真迹草八分书，每句一体。王建《奉同会郎中题石瓮寺得嵌韵》诗写到"遥指上皇翻曲处，百官题字满西嵌"，指的就是李隆基的墨宝。红楼两壁还有王维的山水画。可惜的是，安史之乱以后，华清宫被后世皇帝冷落了。郑嵎到骊山游览时写下了《津阳门》诗："庆山淤潴石瓮毁，红楼绿阁皆支离。奇松怪柏为樵苏，童山智谷亡崄峨。烟中壁碎摩诘画,云间字失明皇诗。"记录了这里荒凉的情景,也由于战乱,唐玄宗的诗和书法,王维的山水画,都被毁坏了,实在是中华书画艺术史和文明史上的一大遗憾。

20世纪50年代山民们兴修水库和梯田,把石瓮谷"飞瀑"的水从上游拦截了,东、西绣岭之间最迷人的千年景观从此消失,石瓮变成了干涸的"石臼"。此后,石瓮寺也没了僧人主持。

◎ 骊山石瓮谷

现在骊山已成为国家4A级风景名胜区,并且临潼国家度假区正在这里打造芷阳湖、凤凰池生态谷,可以设想在石瓮谷两边,以保护自然山形、地貌和唐建筑遗址建筑为基点,恢复自然、生态和人文景观。正如唐人范朝《题石瓮寺》诗写的那样:"胜境宜长望,迟春好散愁。关连四塞起,河带八川流。复磴承香阁,重岩映彩楼。为临温液近,偏美望君游。"可以当做开发此胜景的新蓝图,也可以作为宣传景区的广告词,石瓮寺的昔日辉煌可以再现。

三元洞北临华清池,上通老君殿,是由骊山西门登山的第一景点,也是一处自然奇观。这里有几孔清静幽雅的空洞,洞内奉祀着道教所尊的"天宫、地宫、水宫(玉皇大帝、土地爷、大禹)"三元,故称"三元洞"。

三元洞洞口处崖壁上的"三元洞"三字,相传是秦始皇所书。站在这里俯视前方,骊山和华清池的景色尽收眼底。茂密的树丛,镶嵌着星星点点的白石块。树丛下,有不少座红

◎ 三元洞

白相间的瓦房,贵妃出浴的白色塑像显得格外抢眼。三元洞是个道观,观内有一个亭子,亭子里悬着一口大钟,很古老,述说着这里的沧桑。

洞里宽敞而深幽,洞壁凿出灯座,上置烛台,烛火明灭间平添了洞中的肃穆。最为奇特的是洞内还有五个茶杯口粗细的天然通风圆洞,深不见底,昼夜生风,春夏时凉风向外吹,秋冬时暖风向里吹,游客登山来到洞口,顿感微风吹拂,凉爽或温暖舒适,所以人们称之为神风。更神奇的是,三元洞的风还能为病人治病。

骊山属于大倾角断层岩,断层之间的空隙遥遥相通,于是形成自然风洞,成为天造地设的奇观。

风王沟位于人祖庙西北坡。据《路史》所记,风王即“伏羲氏,风姓也”。《太平御览·帝王世纪》说,“女娲氏亦风姓”。风王沟纪念的是女娲、伏羲二王,加上他们的母亲华胥,被称为“三皇”。

在风王沟口有一块大蛤蟆石(现已毁),其形状与孔望山汉代摩崖造像中的巨型蟾蜍石(长240厘米、宽220厘米、高90厘米)类似。往西不远,是西绣岭,有一处奇景,名叫“石鱼岩”,传说石壁上有古代雕刻的石鱼,但原迹已毁。沟东东绣岭的红楼绿阁右上方有鸡娃石,引吭直立。这蛤蟆石、鸡娃石、鱼石,尽管有的已毁,有的湮没无闻,但它们作为女娲时代遗迹,作为一个时代的图腾群像屹立世间,昭示着这里历史的久远深厚。

北宋宋敏求的《长安志》记载:“灞水之源出蓝田谷西,又西有尊卢氏冢,次北有女娲氏谷,则知此地是三皇旧居之所。”清末民初,关中大学者牛兆濂主修的《蓝田县续志》考证说:华胥氏生下女娲氏和伏羲氏,称为“三皇”,而蓝田就是三皇旧居之地。由于三皇对人类有卓越的贡献,人们将他们曾经活动的地方以他们的名字命名,用以象征和纪念。因此,蓝田县西北部骊山南麓有华胥镇、女娲氏庄、女娲氏谷、羲皇岭、风王沟等,有些古地名现在还在使用。《太平御览·帝王世纪》说："女娲氏亦风姓也,风王者,女娲也。"《路史》云："女娲氏立治于中皇山之原,继兴于丽。"丽即骊。《长安志》中说："骊山有女娲治处,为临潼肇始,立祠于骊山祀之。"现在蓝田县城北口圆盘中有女娲补天的塑像作为本县标志性雕塑,而近年来,祭祀华胥氏的活动也是愈来愈隆重。

四、芷阳湖畔余韵长

顺着骊山脚下西安工程大学和西安科技大学两所学校之间的水泥公路向上,走过一片石榴园,沿着一段石阶山路缓缓登临,穿过林木掩映的小径,上到一座水库大坝,就能看到一片碧绿而开阔的水面,这就是著名的芷阳湖。

芷阳湖的前身是芷阳水库,兴建于 20 世纪 60 年代初,是临潼人民在"人定胜天"思想的感召下,兴修的一项水利工程,目的是把骊山烽火台南端、石瓮谷常年流淌的溪水蓄积起来作水库用。水库建成以后,每年春夏季缺雨时,下游三里河以及其他很多村庄的人们都来这儿引水抗旱,保证了庄稼的好收成。

后来随着改革开放政策的兴起,芷阳水库这项水利工程被人们遗忘在这荒郊野外。而今随着现代旅游业的时兴,她再次焕发青春,人们给她重新打扮装点,并给她起了一个更美丽的、更富诗情画意的名字——芷阳湖。

波光潋滟的芷阳湖泊依偎在骊山山谷中,与烽火台、老母殿相连。站在湖边大坝上,仰视高天流云,眺望远处如画的风景,一幅高山流水的画卷会映入眼帘,溪水潺潺,浪花飞溅,婉转啼鸣,点缀着骊山美丽的自然景观。看到这些,不觉使人心旷神怡,似乎浑身充满了活力。

◎ 碧如翡翠的芷阳湖

　　芷阳湖水在微风中轻轻荡漾,在蔚蓝的天空下,波光粼粼,沁人心脾。鱼儿在水中畅欢,小船在湖泊漂荡,垂钓者闲情逸致,荡桨者悠然自得。水域四周,绿树鲜花在灿烂明媚的阳光下熠熠生辉。在山坡上,青松翠柏,形成绿色的屏障,花木深处,情侣们欢乐快活地挽手同行,溪水边孩童们兴致勃勃地捉虾逮鱼,湖岸上穿着鲜艳盛装的少女兴高采烈地追逐着蝴蝶和蜻蜓……这一切令人目不暇接,呈现出祥和静穆的氛围。这一片湖泊绿茵,折射出和谐临潼的美丽景色。

　　芷阳湖位于骊山东、西绣岭之间,远远望去水在天中,天在水上,水天相融,四周碧树绿草,鹅黄碧绿之间一点淡蓝,像翡翠上镶嵌着一颗蓝宝石,又像是上天在绿色地毯上洒下的一片琼浆玉液。在湖岸的四周是星罗棋布、五颜六色的太阳伞,伞下是很多方形或圆形的石桌石凳,乍一看,很像是置身于海边的一角。

　　芷阳湖三面环山,山坡上长满了槐树和石榴树,在阳春四月,放眼望去,碧绿的湖水之上,翠绿的山坡之中,所有的槐树都开满了洁白的槐花,芬芳的香气会直沁人的心脾!而到了五月初夏时节,山坡上的石榴花就完全盛开了,石榴花像一串串明亮的灯笼悬挂在碧绿的枝叶间,放眼眺望,那翠绿的绿叶丛中点点的红花,在炎阳下像火焰一样照亮整个天地。要是你那时候来旅游,你一定会沉浸在一片美丽红火的"火海"之中!

　　湖水中常会有雪白的野鸭出现,它们有时排成"一"字形的队列,有时散布在水面上,他们自由自在地向前移动着,仿佛在向人们表演,又仿佛随遇而安。蓝蓝的天空上,也有飞翔的山鹰矫健的身影,它们和湖水里的野鸭上下呼应,为天空之中洁白而静谧的云朵增添了动感,使整个芷阳湖有了勃勃的生机和无限的活力。

　　顺着芷阳湖向西边的山坡攀登,能够看到一家挨着一家的农家乐。这是芷阳湖景区里一道特殊的风景,山坡上的农家乐房顶全是绿色的,鳞次栉比,像繁星一般点缀在山间,和整个骊山

◎ 雾气迷蒙的芷阳湖

的自然景色融为一体,意境非凡。最有名的银湖山庄农家乐地处显眼的位置,在这里选一处下临山谷的楼阁,点几盘农家自己种植、现采现做的绿色蔬菜,和亲朋好友一起,品尝新鲜自然的农家饭菜,俯视下面的湖泊,极目望远,前方的美景尽收眼底;再往北可以远远地望见西安工程大学和西安科技大学校园的全景,这两所高校给这里带来了现代文化和科技的气息。若遇到微阴天气,或在夕阳西下的黄昏,当酒足饭饱之后,你会有置身于云雾缭绕的缥缈仙境之中,出现腾云驾雾的感觉,心胸也会显得格外开阔,会把生活里那些烦心的世俗琐事抛到九霄云外。

　　在风和景明、丽日高悬、天蓝云白之日,驾一条小船,几个人荡舟在平静如镜的湖面上,享受水天一色的情景,桨在两边轻轻拨动,船在水中缓缓滑行,从岸边划向更远、更幽的重峦叠嶂深处,仰视两岸山峦,双手轻触着水面,你一定会心旷神怡,感慨万端。这里曾经是传说中女娲抟土造人的地方,也是秦始皇坑杀四百儒生的地方,还是大唐开国元勋、门神秦琼骊山救唐王

◎ 芷阳湖生态谷

◎ 国际温泉度假城透视效果图

的金刚庙和饮马池故地。光阴荏苒，几经风雨，悠悠哉哉两千多载，历史的痕迹早已荡然无存。今天的这里，物宝天华、山清水美、钟灵毓秀，已成为现代都市人怀古瞻仰、休闲娱乐、调节心神的最佳之地。

当一道道彩霞款款地淡出天地，夕阳的余晖映照在远处的骊山东西绣岭之上，当芷阳湖水的波光渐渐黯淡下去的时候，林木掩映处的人家炊烟袅袅飘起在空中，扶摇直上。当林中的飞鸟声音一点点地静息下去，放松了一天的游人们陆续下山，而欣赏湖光夜色的人们成群结队、络绎不绝地向山上赶来的时候，芷阳湖将会又呈现出另外一番景象。

大自然美轮美奂的胜景，赋予了人类无穷无尽的遐想，也带给人类美不胜收的快乐享受，游山玩水不尽是为了玩乐，更重要的是陶冶情操、纯洁心灵。

在芷阳湖的下游，是过去有名的三里河。三里河因距临潼古县城西门外三里而得名，它连接着寺沟的溪流和渭河的水域，堪称骊山水之最秀美者。

芷阳湖有说不尽的自然美景，也有烂漫的人文景观。每年农历二月二十二(阳历4月4日)，这里都会举办一个传统节日——花朝节。从早晨开始，周围的人们成群结伴地到这里来游览赏花。姑娘们剪出五色彩纸粘在花枝上，称为"赏红"。各村还有"装狮花""放花神灯"等风俗。这既是民族民俗传统文化的传承形式，也给人们创造了交流的机会。

五、骊山明珠华清池

帝王们青睐骊山的原因,除了苍翠秀雅的自然景色和居于关中腹地的地缘优势以外,更重要的原因是钟爱那一汪温润美好的泉水。

对于骊山温泉,大多数人只是因唐时"贵妃出浴"的华清池而有所耳闻,但事实上,从周代开始,这里已经是皇家"御用洗浴场所"——周幽王在此建有离宫,并修建了露天汤池,取名为"星辰汤";后来秦始皇又在骊山重修离宫,引泉入室,更名为"骊山汤",据说是为了治疗他自己的伤;到了汉代,汉武帝再度依泉扩建了离宫;到了唐代,这里汤浴格局趋于完善,各汤池被曲廊小径相连,古树浓荫相掩,奇花异石点缀,湖水溪流相间,初名"汤泉宫",后为"温泉宫"。唐玄宗时"治汤井为池,环山列宫殿",最终改名"华清宫",宫内的汤池也就是被后人熟知的"华清池"。虽华清宫在此后毁于战乱,但华清池之名却盛传天下。

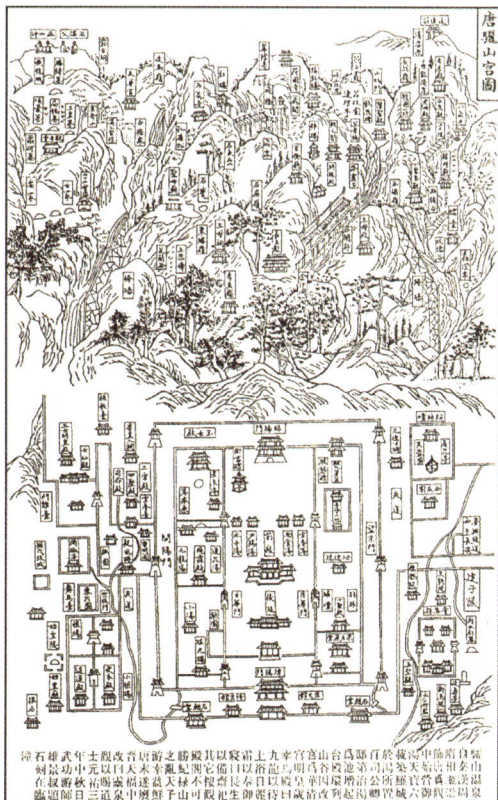

◎ 宋 游师雄 唐骊山宫图

汉代张衡的《温泉赋》说,人在自然中生存,往往会生出各种疾病,而温泉的水"蠲除苛慝",保人性命。所以四方之士,不管男女老少,或骑马乘车,或远途步行,不辞劳顿,纷至沓来,慕名到临潼温泉中洗浴。北魏元苌也写了一篇《温泉颂》,文章富有激情地这样写道:"盖温泉者,乃自然之经方,天地之元医。出于河渭之南,泄于骊山之下。"由于它能"吞疣取毒",所以普天之下,大地之上,四面八方,"千域万国之民,怀疾枕病之客,莫不宿帐而来宾,疗苦于斯水"。元苌的《温泉颂》还被写成书法作品,刻于石碑之上,书写精美,成为研究临潼温泉资源的重要文献,至今被珍重地保存在华清池。此后的唐、宋、元、明等各个朝代都有文人墨客为临潼温泉之水撰文或立碑,讴歌大自然对临潼这一方热土的特别赐予,也是临潼这个特殊地域人们的福气与造化。这是天地之神脉,是自然之瑰宝,它为天下人消除疾病,保健身体,可以说功德无量。

人们有意识地利用临潼的温泉洗浴,或者治病、保健、疗养等,从历史上考察,最早的应该是秦始皇统一六国以后,在这里建起了第一座皇帝行宫,由于这位赫赫有名的皇帝大兴土木,使这里很快形成皇宫建筑群,秦人还给这里起了和骊山与温泉联系在一起的名字——"骊山汤"。关于秦始皇在骊山脚下兴建行宫,利用温泉洗浴、保健甚至游乐的史实,可以以秦代气势宏大、规模超群的连续性建筑物阿房宫作为旁证。唐代诗人杜牧的《阿房宫赋》也描述到,阿房宫"覆压三百余里,隔离天日。骊山北构而西折,直走咸阳"。古代典籍《三辅黄图》中也记载了阿房宫的规模,说它"规恢三百余里""阁道通骊山八百余里"。秦始皇能在骊山温泉旁兴建行宫,而且不惜劳民伤财,花费巨大财力,建设从临潼直通咸阳的阿房宫,可见骊山温泉在帝王生活中所起的重要作用。

秦始皇在临潼建温泉行宫有一段故事在民间流传至今。传说秦始皇在骊山游玩时,遇到了一个风姿迷人的仙女,他忘记了自己是个凡俗之身,情欲奔涌,想对仙女非礼,结果被仙女吐了一口唾沫,秦始皇马上感到脸上疼痛难忍,一照镜子,发现脸上长满了毒疮。他立即明白自己惹怒了神仙,便赶快给仙女赔礼道歉,发誓以后再也不敢对仙女有非分之想,希望仙女饶恕他的罪过。仙女最终原谅了他,赐给他神奇的温泉水,让他去洗脸,并对他说,温泉水能使他恢复原状。秦始皇不敢怠慢,立即到温泉边去洗脸,脸上的毒疮很快就消失了。关于秦始皇和骊山神女的故事,古代典籍《太平御览》卷七一引《辛氏三秦记》中有具体的记载："骊山西有温泉。俗云，始皇与神女戏，不以礼，女唾之，则生疮。始皇怖谢，神女为出温泉，后人因洗浴。"不光是秦始皇有这样的遭遇，连汉武帝也有相似的经历。鲁迅先生辑录的《古小说钩沉·幽明录》中说："武帝在甘泉宫有玉降，常与帝围棋相娱。女风姿端正，帝密悦乃欲逼之。女因唾帝面而去，遂病疮经年。故《汉书》云：'避暑甘泉宫。'正其时也。"这是与秦始皇故事相同的分化性说法。秦始皇对骊山以及山下的温泉情有独钟，他在这里建了行宫，进行疗养，保健身体，而且还在生前将他的陵墓选在临潼这个地方，说明他对骊山有着特殊的感情。

在汉代，汉武帝重新整修了秦代的骊山汤建筑和设施，并且在温泉周围兴建了宫殿以外的洗浴房舍。而唐代又在秦汉遗址的基础上建设了规模更宏大、气势更恢弘的华清池行宫，供唐玄宗和杨贵妃淫乐。唐代扩大了骊山温泉面积，在华清池内还建设了星辰汤、太子汤、海棠汤、莲花汤、尚食汤等不同名目的洗浴场所。在华

◎ 华清宫一角（摄于1953年）

清池内，有专门供皇帝沐浴的御汤池，也有为杨贵妃单独建设的芙蓉汤池，还有给一般宫女修建的长汤池，总共有 18 处之多。骊山温泉的洗浴和娱乐功能，在唐代呈现出最繁荣、最热闹的景象。

在宋元明清直至民国时期，这里一直都有与温泉洗浴和服务相关的建筑以及城镇建筑。在宋代以后，由于封建王朝都城都不在关中，临潼温泉不再是皇家垂青的场所，而民间与温泉洗浴、治病、疗养、休闲有关的旅游业却发展起来了，再加上骊山优美的自然景致，临潼遂成为著名的文化旅游风景区。1924 年 7 月，正值盛夏炎暑，鲁迅先生和其他十几位学者应西北大学的邀请来西安讲学，在讲学的间隙，他为了解杨贵妃当年的生活，专程到华清池对

骊山温泉洗浴进行了实地考察。1936年底,西安事变前夕,蒋介石在西安期间,就住在华清池别墅中,说明这里的温泉对他也产生了一定吸引力。

六、骊山晚照燃千年

骊山,是秦岭之一脉,终南山之一阜。北魏《温泉碑》曾这样描绘当时山色风光:"彩霞争翠,绿树成行,香风旦起,夕霞晚照"。千百年来,骊山晚照,久负盛名,为古都长安增色不少,被列为"关中八景"之一。

骊山从东北向西南延伸,直接秦岭,绵延逶迤,雄伟高峻。每当夕阳西下,落日的余晖给骊山重重地涂上一抹红霞,漫山皆红,层林尽染,其妖娆动人的自然风光,使人流连忘返。

其晚照景色,只有在自古以"灞柳风雪"闻名遐迩的灞桥地区——古霸上观赏,才为最佳位置,不远不近,相对适中。在灞桥地区,方圆四五十里的范围内,无处不可看到美丽的"骊山晚照",然而在不同地段,不同角度,所观赏到的景色却又各具特色。从狄寨原薄太后陵至伍坊村的原坡处远望,向晚的骊山之间群山巍巍,明亮如镜,金光闪耀。俯视灞川,灿烂的霞光映红了霸陵山水,映红了村舍田野,映红了绿树青苗……观者俯视脚下,则更是奇美无穷:明明身处落日之下,无论人、物,却全然没有影子。原来由于骊山将强烈的阳光反射到白鹿原的阴坡,与西来的夕阳余晖"聚会"在一起,使这儿成了一座"无影山"。

而在狄寨原所见,仅是骊山主峰西侧之景,若要正对主峰,横观其全貌,其最佳位置尚在渭河南岸,灞河中下游一带。原来骊山主峰分为三级,自上而下为烽火台、老母殿和老君庙以及近旁的村落房舍、山石树木,一个个清晰可见,但又完全笼罩在一片火红

明丽的霞光之中,宛如一片琉璃建筑,晶莹剔透,色彩绚烂,十分
壮观。听当地村民讲,观赏"骊山晚照"的最佳季节在夏秋之交。此
时在田间劳动的农民,抬头即可欣赏骊山美景,真是"夏至日落骊
山红,田野耘禾歌声鸣"!

"骊山晚照"是一种被传说描绘得非常神奇壮美的景色——
每到晴日黄昏,金乌西坠,玉兔东升之时,山间便会层林红遍,光
明一片,绮丽无比。而在峰谷相间之下,远望红霞之中,一条弯曲
仰首的金龙,身披红纱,张牙舞爪,似有腾云驾雾之势,此时此刻,
光明奇妙的美景使人难以形容。有人说,那是一种看过之后,会使
人觉得飘飘欲仙,如入天堂的美景。

清代"长安八景"的传诵让骊山晚照声名远扬,但实际上,早

◎ 关中八景之一的骊山
晚照

在元代,诗人刁白就在诗文《渭水》中以"渭水秋日白,骊山晚照红"提到了"骊山晚照"这一胜景,后来的明代诗人刘储秀也在《骊山晚照》一诗中写道:"复此斜阳相映处,红云朵朵照芙蓉。"观文而思,必是满山红遍,霞色遮天。而杨鼎明的诗"丹枫掩映西阳残,千壑万崖画亦难。此是骊山真面目,一生能得几回看",则让那抹余晖显得宁静而悠远。到了清朝,朱集义用一首"幽王遗没旧荒台,翠柏苍松绣作堆。入暮晴霞红一片,疑是烽火自西来",让烽火从历史中燃烧到自然之景的天边,为壮美的山巅夕照平添了一分厚重与苍凉。因此这首诗也成了民间公认的写骊山晚照最好的佳作:历史上周幽王烽火戏诸侯的事件和骊山晚照联系到了一起,让读诗者联想到当年美人一笑,犬戎东侵,骊山被烽火映红的情景,既写实,又写虚,怀古之幽思自然流露。

相传唐高祖李渊在隋为臣时,因与太子杨广不和,辞京外调。他刚走到临潼地界,就被杨广堵截围住。厮杀鏖战正急,随军的窦氏夫人却生下小唐王李世民,窦氏夫人只好暂住金刚庙内。一天,丫环把尿布洗净搭在外边绳索上,太阳已落山了,窦氏夫人发愁地说:"晚上还要用尿布,这太阳再红一阵就好了!"正说着,那已落的太阳重又在一个小山头露了出来,金色的阳光照在红色的尿布上,从尿布透过的红光照在骊山上,顿时骊山一片光明灿烂,色彩斑斓异常。那阳光照射在尿布上,尿布一瞬间便干了,不久太阳落山了。传说李世民是真龙天子,所以刚一出生,连天公也来相助。从此,"骊山晚照"这一美景,便和他的故事一起流传下来。

『第二章』

骊山历史越千年

一、寻根女娲补天时

　　女娲是中华民族始祖之一,是中华民族特殊的文化符号。传说女娲为母系氏族时期活动在骊山一带的女英雄,是对人类有着巨大贡献的历史人物。

　　相传女娲的母亲是华胥氏,华胥氏是华胥国的领袖。据古代典籍《列子》记载:"其国无师长,其民无嗜欲,不知亲己,不知疏物,故无爱憎。不知背逆,不知顺向,故无利害。"华胥国实际是原始母系氏族社会的一个部落,而华胥氏就是这个部落的首领。华胥部落大体活动在骊山一带较为广阔的地区,南以骊山为依靠,北以渭水为滋养,生活在山水之间广阔的平原和陵谷中。至今骊山顶峰西侧尚有华胥坪、华胥渚、华胥沟等遗迹,这些遗迹充分说明了以华胥氏为领袖的华胥氏族的存在。

　　女娲氏是骊山人民的保护之神,她勤劳勇敢,智慧非凡,而且品德高尚,从来"不彰其功,不扬其声,隐于真人之道",所以备受民间敬仰。再据上古神话传说,在古代部落交战中,共工被颛顼打败,共工一怒之下,用头撞断支撑天盖的擎天柱,使西北天穹破裂,东南地表塌陷,造

◎ 女娲补天石像

成天火烧灼不断和洪水浸淫不已的巨大灾害。女娲氏为了拯救人类,就采集五色石,将其冶炼成饼状物,夜以继日、不辞劳苦地用以补天和补地,最终拯救了人类。民间为了纪念女娲氏的伟大功绩,后来就出现了补天补地的节日。骊山东绣岭石瓮寺上方至今还有"女娲炼石"的遗踪。女娲炼石补天的传说最早见于西汉刘安的《淮南子·览冥训》:"往古之时,四极废,九州裂,天不兼覆,地不周载。火爁焱而不灭,水浩洋而不息。猛兽食颛民,鸷鸟攫老弱。于是女娲炼五色石以补苍天,断鳌足以立四极,杀黑龙以济冀州,积芦灰以止淫水。苍天补,四极正,淫水涸,冀州平,狡虫死,颛民生。"在骊山一带,最早就有了民间节日——"补天节"。"补天节"也叫"女王节""娲婆节"。根据民间传说和骊山地上遗迹,这个节日发端于临潼骊山一带。

在遥远的上古时代,人类社会普遍地经历了大洪水的灾难,不光是中华民族,在《圣经》中、在苏美尔人传说中,都有相类似的传说。在中华先民生死存亡的关键时刻,人类之母女娲氏勇敢地站了出来,她要拯救这个世界。女娲选择了烧炼五色石的办法,一直烧了七七四十九天,五色石终于被炼成色彩斑斓的石浆,她趁热将石浆擀成石饼,骑上一匹黑色的神马,把饼一张张地补在天上的破损处,终于粘住了塌陷的天穹。之后,女娲又斩下东海大神龟的四只巨脚,作为顶住苍天的四根柱子,使苍天不至倾斜。女娲还杀死了危害人类的黑龙,赶走食人的猛兽凶禽,把芦草烧成灰堆,堵塞了汹涌的洪水。做完了这些以后,苍天不再倾斜了,大地不再塌陷了,害人的毒物被赶走了,滔天的洪水也干涸了,人类又有了一个美好的生存环境,中华先民重新在这块古老的土地上繁衍生息起来。

女娲用尽神力完成了补天的壮举,后世的人们感激先祖拯救苍生的恩德,就在先祖神灵的停驻处修建了庙宇,供奉起女娲的神像,同时也求女娲保佑人间永远平安,这就是骊山老母殿至今

◎ 俯瞰被白雪覆盖的
　 老母殿

香火旺盛的根源。骊山一带农村在每年的农历正月二十这一天庆祝"补天补地节",家家烙饼蒸饼,在饼未熟时,向房上抛一张,这就叫补天;再摆在地上一张,就叫补地。这都是纪念女娲的做法,让人们永远缅怀女娲救世之功德。

《山海经》中记载:"有神十人,名曰女娲之肠。"神话学家袁珂先生注解这句话时征引《风俗通》所记故事说:"俗说天地开辟,未有人民,女娲抟黄土作人,剧务,力不暇给,乃绳于泥中,举以为人……"这种神话故事曲折地反映了人类改造世界,同时也(创造)完善了自身的非凡过程。

民间关于女娲抟土造人的故事是中华民族关于人类诞生的神奇传说。女娲最初创造人类,是精心地用泥土捏成形象完美的男女小童,让他们健康成长,长大后将他们婚配成家,再繁衍后代。但这样似乎太缓慢,为了使人类繁衍兴旺,女娲就不辞辛劳,用鞭子抽出数不清的泥点子,这些泥点子就变成数量众多的民众。光阴荏苒,女娲的儿女子孙众多,她采取集中起来的办法,对他们传授生存知识。

其实,早在汉代就已形成定论的女娲为中华民族始祖的这个说法的证据,在骊山早已存在了,这与闻一多先生的《伏羲考》征引的西南兄弟民族关于人类起源的传说如出一辙,天泻洪水之后,世上仅剩下伏羲、女娲兄妹二人,"天下未有民,议以为夫妻,又自羞耻",于是向天祷告,从骊山顶上滚碹下沟,结果,磨碹两扇自然合在一起,留下了令后人千古纪念的"婆父碹",传说石碹至今还躺在骊山磨子沟内。

女娲、伏羲二人以滚磨子的方式,决定二人是否能够婚配的举动,是人类对祖先繁衍后代的形象化演绎。兄妹"结为夫妇,为人类始祖"的传说一直流传至今。就在伏羲、女娲向天祷告、分头滚碹的地方,后人们修祠给予祭祀,并取名叫做"人祖庙",庙内供奉的就是抟土造人的女娲娘娘。《临潼县志》对人祖庙有这样的描述:"九峰既峙其下,形如九龙之首,故名曰:'九龙头'。"立于此地俯视四周真有"一览众山小"之感。在每年农历七月十五,骊山四乡的百姓都会聚集在此地,举行规模盛大的祭祀仪式,虔诚地纪念中华民族这一对最远古的祖先。在今日临潼骊山,留有很多关于女娲与伏羲二人婚配的故事和遗迹,比如人祖庙、磨子沟、夫妻洞、石门棺材石等等。

在骊山人祖庙附近,有关女娲的遗迹还有很多。比如磨子沟的"婆父圣桄"尚在,还有"婆圣磴""蟒石"等遗迹,当地流传的俗话说:"人从蟒前过,不知蟒在哪里卧。"说是粗心人往往与神圣的东西会失之交臂,不留神是看不到这块圣石的。细心琢磨,当地人的这种说法,可能与古语中所说的"女娲蛇躯"之身在这里休息过有关。关中人称美人细柔而善转的腰肢为"水蛇腰",亦曾被曹雪芹在《红楼梦》中引用过。在人祖庙西北坡有一个叫风王沟的地方,"风王"是何许人?宋代罗泌《路史》中说,风王为"伏羲氏风姓也"。宋代李昉等人编撰的《太平御览》中《帝

◎ 老母殿,位于西安市临潼区城南骊山西绣岭第三峰之巅,始建于秦,唐初重建,是骊山上一座著名的道教宫观

王世纪》说,"女娲氏亦风姓"。可见,风王沟纪念的也是女娲、伏羲两位祖先。

在人祖庙西南约三公里处的华胥坪,在蓝田华胥乡境内,典籍记载这是女娲氏的母亲华胥活动的地方,即古书所谓的"三皇旧居之地"。从此地向北即骊山西麓一带,是女娲氏活动的范围。郦道元《水经注·渭水注》"冷水"条说,"(骊)山北有女娲氏谷",实际上是指冷水旁边的"老娲谷"。老娲谷现在仍存在,这是女娲活动的地方。

如今保留在骊山民间的古老风俗,应当说是女娲氏时代对中华民族悠久文化传统的强烈影响的一个缩影。骊山姜寨出土了比半坡更多的陶文符号文物,并在周围遗址中得以印证,从这一角度讲,骊山正是中华民族文化发祥地之一,是女娲氏时代的一个遗址。

◎ 汉砖 伏羲女娲像

单子会是流传在骊山一带的古老的青年男子向他心仪的年轻女子求婚的风俗。单子会就是由女娲娘娘给青年男女牵线并撮合婚姻的传说演绎出的一个风俗节令。

自古以来,在骊山周围各村,从每年的农历六月十五日开始,人们就要在骊山一带过三天会,这个时候,青年男女要拿着单子(当地人对床单的俗称)进山,在骊山上住三个晚上,以求子嗣。这是对古代高禖的一种宗教仪式。高禖也被称为郊禖,禖是求子之神。古代的人求子的时候,要先祭祀禖神,这是流传于古代骊山一带特殊的风俗。

在单子会期间,有情的男女带着简单的铺盖到山上去野合,并以庄严肃穆的礼制形式求得子嗣,以延续生命。这就是所谓的郊禖祭祀的形式。单子会的内容不尽相同,先是男女神秘的幽会,后来则变成了祈子形式,所以,单子会后来被称为祈子会。

骊山老母,也就是女娲娘娘,她不但炼五彩石补好了苍天,还抟土造人,创造了我们中华民族的族群,是中华民族的先祖。女娲娘娘还有一个身份不被世人所知,但是多年来在骊山一带一直流传不息,就是女娲娘娘被尊称为男女婚姻的牵线人,也就是最早的月下老人。在骊山上,除了老母殿以外,还有一个女娲祠,是专门用来祭祀女娲娘娘的,她被人间尊为传宗接代谋幸福的神仙。

骊山一带的"补天节"一般是农历的正月二十日,有的地方则是正月二十三日,前后只相差一天。据说二十二日是女娲的生日,二十三日是女娲补天的日子,所以选择这两天不管哪一天,都是具有纪念意义的。

女娲用尽神力完成了补天的壮举。当她看到人们又开始活跃在这个世界上时,宽慰地舒了一口气,她不再骑那匹曾经立下巨功的黑色神骏,神骏最后化成了一座秀美而又起伏的苍翠大山,这就是状若骏马的骊山。骑在马背上的神灵女娲也在骊山上停留下来,她需要永久的安息。后世的人们感激先祖拯救苍生的恩德,就在先祖神灵的驻足处修建了庙宇,供奉起女娲的神像,同时也求女娲保佑人间永远平安,这就是骊山老母殿至今香火旺盛的根源。

补天补地节后来演化成民众集会的节庆形式,每当农历正月二十二或二十三日前几天,骊山周围的临潼及蓝田一带,人们都要为"补天补地"做各种准备,首先是烙饼子。东南诸乡把补天节也叫"女王节"或"女皇节",一些老年人更说是为祖先女娲过生日。节日活动内容是吃"补天饼"。各乡讲究不同,有用面糊摊烙的煎饼,也有用硬面擀开的烙饼和蒸饼,总的要求是圆形、薄页。饭前举行简单的仪式,由家庭老一辈的主妇,比如祖母或者母亲撕饼抛向房顶象征"补天";然后再扔向井中或者搁在地上,叫做"补地"。生长于临潼骊山周围和蓝田靠近骊山地方的人们，从小就每年经历祖母、母亲们虔诚地"补天补地"的情景，感人至深，至今都历历在目，不能忘怀。对于这一民俗，从古以来，临潼县志、蓝田县志等均有记载，民间传说更为普遍，家喻户晓。比如《蓝田县志》就有"补天台"的记载（具体地址现已不可考证）。这与文献古籍中记载的"女娲炼五色石以补苍天""积芦灰山以止淫水"的说法是一致的，从"民以食为天"这一传统观念联想，骊山"补天"民俗似乎更接近于人们的生存实际，在过去物质生活资料极其有限，"人民少而禽兽众"的时代，人们对吃饱肚子是很渴望的事，所以，以饼补天和以饼填饱肚子，是具有深刻联系意义的。从艺术学的角度讲，补天节是一种用文化隐喻的民众化仪式，又是中华民族对自己的始祖女娲——亦即远古劳动女性战天斗地，主宰自然壮烈勋业的永恒纪念，并将其化作世代相传的风俗演绎形式，作为一种形象化的记忆，并确定了固定的时间段，一直流传至今而不衰。

与女娲民俗相关的栎阳马踏青器山社火，是与众不同的芯子的一种表演形式，这是民间规模非常大的娱乐形式，这种娱乐形式大约出现在明朝晚期，在关中一代很普遍。起初栎阳镇社火中的芯子表演非常简单，由两个人抬一张桌子，高度超不过五尺，人坐在桌子上面表演，动作也很简单。流传到了清代以后，随着社火团体的增多，规模越来越大，参与的人越来越多，由于人们欣赏水平的提高，对社火的要求也随之提高，所以在社火表演中，芯子的高度也逐渐增加，对在芯子上表演的演员也提出了更高的要求，装扮的形式多样化，因而被固定在芯子上的演员，在空中显得十分惊险。

在古镇栎阳这个地方，每逢农历的年节或庙会时间，就会有社火团队上街表演。每当表演社火的时候，周围村庄的人们会从四面八方蜂拥而至，就连百里以外的渭南、富平等地的人们都会不辞辛苦，坐着马车前来观看。栎阳镇马踏青器社火在关中中部

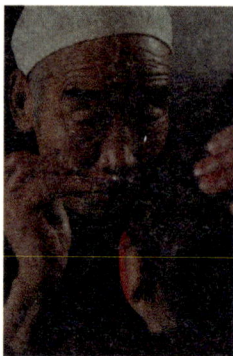

◎ 马踏青器社火表演前
专注画脸的老人

◎ 马踏青器表演中的小孩

◎ 难度高超的马踏青器社火

和东部产生了巨大的影响。

栎阳镇的马踏青器山社火,是独一无二的,而且代代都有传人,使这种民间风俗性的娱乐活动长期地流传下来。早期的技术骨干赵靖为了让自己的芯子具有出类拔萃的竞争力,便在芯子的"险要"上下工夫,他经过长期琢磨,得出了如果能让马站在山巅之上引颈常鸣,将会产生极大的吸引力,从而使自己的社火团队表演立于不败之地的想法。主意一定,他便召集社火团队内部的其他骨干,反复尝试,终于有了意外的收获。他们给胶里加上大蒜,把麻丝粘在土炕烧热的碟子背面,再把碟子围成山的形状,将像山一样的碟子当成石山,这样的"石山"既轻便又能反光,试验之后,表演效果极有震撼力。马踏青器山社火就这样诞生了。

后来,为了使马踏青器山社火表演内容更加丰富,声势空前浩大,气势磅礴不凡,往往配以锣鼓、秧歌、大头娃、高跷表演等等,这样的阵势就足以使人震撼。这样的阵势一般需二百多人,形成非常庞大的队伍,表演队伍每到一处,都会受到广大观众们的热烈欢迎和称赞。在骊山一带的民间,流传着这样一段民谚:

马踏青器真威风,百年活跃三秦中。

民间艺术增异彩,历史悠久追溯清。

瓷山柏缀马蹬空,百碟作响马蹄声。

游人观看叫声好,胜似贵妃逛临潼。

二、仰韶光照千年长

骊山一带在地球进化了几千万年以后,也出现了远处先民的足迹,他们与自然进行艰苦的斗争,逐渐由类人猿进化为原始的群居部落。人类生活的这个时期被称为旧石器时代。

其骊山南边的近邻蓝田猿人,还有遥远的云南元谋猿人、北京山顶洞人等,都是活跃在这个时期的中华民族的先祖。距骊山不远处的半坡文化遗址,距今大约 6000 年,被称为新石器时代人类早期遗址。

骊山是一个植被丰茂的地方,自然条件优越,适宜于人类生活。在她周围有很多河流,提供了良好的自然条件。从骊山发源的小河流最后流进北面的渭河之中,形成了自然的水利网络,加上古时候雨水丰沛,河流水势较大,几条河流与渭河共同的作用,骊山脚下形成了面积较为广阔的冲积扇平原,为这里的居民们奠定了优越、富裕的自然生存环境。所以,在骊山周围就有较多的新石器时期的遗址,这些遗址证实了,骊山周围曾经有着众多的居民,聚集着一个较大的生命群,这些远古时期的民族,为骊山增添了生命的活力和热闹的气氛。除了其南面不远处的蓝田猿人生活区外,在北面有半坡人生活区,还有与半坡人生活时期相近的姜寨遗址、白家遗址、康家遗址等,石器时代的姜寨遗址,在骊山以北大约 1.5 公里处,在姜寨遗址的旁边还有一条河流叫临河,经过在这里不断发掘,出土了大量的石器、陶器和骨器等生产工具、生活用品。古代人类生活遗址一般都有两大特点,一是依山而居,二是傍河而居,古人这样选择居住区,都是为了生活的方便——依山可以狩猎,傍水可以捕鱼。姜寨遗址是我国迄今发现的一处最为完整的原始村落之一,其面积大约 5 万平方米,考古还发现了一些人类早期的金属冶炼成果——残缺的铜片制品。根据考证结果,这是被认定我国目前发现的最早的铜器。在姜寨文化遗址中,考古学家还发现了最早的粮食黍,这些都说明了人类的生产力已经进入到早期的发达阶段,姜寨人们的生活已经处于农耕文明——种植业的初期。考古还证明,姜寨的先民们在这里生活了较为长久的时期,而且也是远古时期在这里生活人群数量最多的时期。

姜寨村落遗址南依骊山,北濒渭河,位于临河的东岸,这个村落的主要区域是村民居住区,村外有烧制陶器的窑场,还有一个较大的墓葬区。在村子的周围有明显的壕沟环绕着,紧贴壕沟还有城墙围起来,这是古代典型的村落布局,壕沟和城墙对村中居住的人们起到保护作用。村外壕沟分为东、南、北三面,这三面并没有完全连接在一起,在壕沟没有连接的缺口的地方,还能依稀看见有一座小房子,仿佛整个村子的哨所,起到连接外界、监视村外动向的作用,也掌握着村内人和村外人出入村子的权力。在村子的西面,虽然没有壕沟,但是却有临河做护卫,这是天然的屏障,这里有烧制陶器的作坊、窑场,连接陶场和村子的路面

◎ 姜寨先民们生活场景
　　想象图

比较宽阔,有 30 多米宽。

村子的东面是墓葬区,村子有两个城门通往墓葬区。村子南北距离有 160 米长,东西有 210 米长,全村整个面积为 33600 平方米,呈现为椭圆形状。村内的房子有三种格局,第一种是比较小的房子,室内面积有七八平方米的,有 15 平方米的,也有 20 平方米的,房子里面有灶台,有放生活用具、生产工具的地方,还有供家人睡觉休息的地方。第二种房子比第一种面积要大一些,一般都在 20—40 平方米之间,这种房子都是方形的,房子里面相对来说都比较宽敞一些, 房间有两处土炕,是睡觉休息的地方。第三种房子是最大的,里面的面积大约超过 120 平方米,房子里有门道、灶坑和灶台,而且土炕的面积也很大,能睡好几个人。像这样大的房子,在整个村中只有五座。从这些房子的布局和规模来看,每座大型房子的周围都有 20 多座中型房子和小型房子,可以推断,这些大房子肯定是村里首领所居住的,而且,这五座大房子分布在村中五个不同的方位上,根据这样的格局,我们可以进一步推断,姜寨村共有五个氏族组织,这五个氏族共同组成了一个大的部落。根据每个氏族的房子来计算,每个氏族大约有 90 以上的人口,五个氏族共有 500 左右的人口,这种规模,可以说是当时部落不小的组织了。

姜寨先民在当时的历史阶段下,已经发展到较高的程度了,他们以农耕生活为主,过着相对平静、稳定的生活,他们的主要农作物应该是黍,他们使用的生活日常用品是陶器,而且还有了铜制用品。他们除了进行农业耕种以外,还进行牲畜的喂养,因为在村子的外面还有牧场,这时候,姜寨村落的先民们已经开始驯养猪、狗、牛、羊、鹿等家畜,还对其中的牲畜进行放养。当然,从逻辑的推理角度, 我们还能肯定姜寨村的先民们往南边可以进入骊山狩猎禽兽,往西可以在临河捕鱼,自然生活条件相对来说比较优越。

从姜寨遗址出土的实况分析，这个村落人们的生活可以说很有秩序，先民们每天日出而作、日落而息，在太阳升起后，有人去田间耕耘劳作，有人去野外放牛、羊、猪等牲畜，有人去采集野生果实，有人去打猎，有人去捕鱼，有人去制作陶器，当然也有人并不外出，在家里或在村里集中的地方，制作生产、生活工具等等……大家都在忙忙碌碌，部落村民们的劳作以及生活都是井井有条，一点也不紊乱。从出土的陶器实物上看，姜寨村落的先民们已经能够制作种类较多、花样丰富的陶制品了，在陶制品上，工匠们凭借自己的智慧和灵巧的双手，描画出各种各样的花纹图案，姜寨村落的先民们已经有了较高的审美水平和能力，他们在陶器上用色彩和图案表达着他们对美好生活的向往、渴望、追求以及更加高远的理想。难能可贵的是，姜寨先民们已经有了某种生活的信仰，因为他们已经学会了在陶器上刻画一些特殊的符号，来表达较为深刻的意思，或是记录下某些特殊的事情，这些符号也已成为姜寨村落生活的记录。

骊山另一处白家新石器时期遗址，位于骊山北麓20多公里的今临潼区油槐乡的白家村一带。这个远古时期文化遗址，靠近渭河北岸，离渭河只有400多米的距离，与骊山隔河相望。从发掘出的实物来看，古代白家村部落的一些遗迹现在还沉睡在白家村建筑的下面，也就是说，现在的白家村是建在古代白家村一部分遗址上面的。考古学家们挖掘出的遗址东西长约400米，南北宽约300米，面积为12000平方米。遗址上的房子和姜寨村部落的房子相差很大，房子形状很不规则，是半圆形的地下式建筑，面积仅有五平方米左右。但是房子的建设还比较讲究，居住面比较光滑平整，是用灰土和黄褐土混在一起踩结而成，房子一般门朝南开，这样有利于充分获得日照，避免北风的吹拂。房子一进门就有台阶向下延伸到房子里面。白家村人房子这样建造，和渭河南岸的姜寨村先民房子的格局完全不同，也许这里的先民们有两种考虑,一是为了保暖,二是为了隐蔽。在房子里面,锅灶和土炕的位置位于屋子的东部,形状为半圆形,旁边放着灶具,还有盛火种用的罐子。在村子外,也有集中的墓葬区,在墓葬中还发现有少量的随葬品,比如一些骨器、石铲和盆盆罐罐等有限的东西。在白家村整个遗址中出土的文物有陶器,比如陶盆、陶罐、陶钵等;石器有石斧、石铲、石刀等;骨器有骨锥、骨锯、骨刀、骨针、骨环等。

白家村遗址属于新石器时代,虽然实物数量比较丰富,但是实物内涵比较单纯,与姜寨村落相比,价值较低。但从出土的实物考证来看,白家村遗址具有十分鲜明的新石器时期文化的特征,它比姜寨新石器遗址的存在时间要稍微早一些,距今大约有7000年的时间。

在骊山北麓大约1.5公里的地方,还发现了一处新石器时期的文化遗址,具体方位在临潼区铁炉乡邓家村东侧。这个遗址面积有10万平方米,据考古学家考证,其文化内涵显现的是新石器中晚期仰韶文化和龙山文化的特征。这里出土了大量的陶器、骨器等实物,陶器有陶罐、陶钵、陶瓶、陶缸等,陶器中珍贵的文物还有一些陶塑的人像,这些陶塑人像大约高6.4厘米,大部分仅存腰部以上,它们头上戴着圆形的帽子,五官匀称,眉清目秀,肌肉丰满,造型生动逼真,神态自如,这是当时人类创造性的成果,比姜寨遗址和白家村遗址更富有价值。邓家村遗址出土的陶人塑像,说明了古人进化得更加先进文明,创造意识更为强烈,成果也更为吸引人,使文物有了新的内涵和价值,这是极为难得的发现。

除了上述的考古发现的早期人类以外,骊山脚下还有相桥镇康家堡新石器时代龙山文化遗址、纸李乡安岩遗址、北田乡马陵遗址等等。相桥镇康家村遗址距骊山大约30公里,面积有14万平方米,这个遗址发掘出先民们的房子30多处,这些房子排列整齐有序，房子的建筑从里到外都比较讲究，先民们将地面铲平以后，再用石器或碾或砸结实，然后再涂上一层草泥相间的黏性东西，在墙壁和地面加抹一层白灰，起到杀菌或防潮作用。房子的面积一般在13平方米左右，锅灶安置在房子中间，房门朝南面开。

康家堡的人们使用的生产和生活工具有石斧、石凿、石锛、石刀、陶锉、陶球、骨锥、陶鬲、陶碗、陶杯、套盘等等，比起前面介绍的村落，康家村遗址出土文物又多了石纺轮和陶纺轮等工具，这无疑代表着人类发展又进了一大步。除了生产生活用具，康家堡人还制造出了与前人不同的石器武器、骨质武器，比如石镞、骨镞等。

◎ 康家堡遗址

总的来说，骊山附近的新石器时期的遗址，其内容涵盖了黄河中游地区新石器中期的仰韶文化和新石器晚期的龙山文化。在龙山文化的后期还出现了周代早期的文化痕迹，所以骊山周围出现的早期人类村落遗迹，自成为相对完整独立的文化系统，这对我们研究中国黄河流域的早期人类发展历史和文化现象，提供了宝贵的参考资料。上述的这些出土文物，内容丰富、物品齐全，特别是陶器上的图案纹样多样化，造型生动形象，既具有较高的历史考古价值，更具有艺术性的观赏价值。今天，我们重新观赏这些文物，不但能够引发对骊山一带先民们的社会状况和生活状况的无限想象，更能使我们以美学的眼光对先民们创造性地劳动产生敬意，并从他们的创造中，获得对人类社会发展的正确认识，从而获得美的享受。

三、周礼雅乐达天意

从周代开始,中国历史、文化、政治思想、意识形态、宗教、哲学、礼仪制度、艺术、文学等等,才真正地建立起来,并在不断的发展探索中,逐步完善、成熟和形成体系。周人起初居住和生活于陕西关中西部的宝鸡、岐山、凤翔、扶风一带,这里南临美丽的渭河,北屏淳朴的高原厚土,地势平旷而开阔,物产丰饶,风调雨顺,适宜农业生产,更适宜于人类生活。周人所生活的广阔土地,被称为周原之地,因为土地和气候都很美好,所以也被称为凤鸣之地。

周政权发展到姬昌统治部落时,领导者继承先祖公刘等人流传下来的传统,施行仁政,以美德影响天下,倡导人民敬老爱幼,尊重德才兼备的贤能之人,于是,姬昌以德服天下的美名远播华夏大地,其他部落的有能有才有德之士,争相西归,云集周原,心甘情愿地为姬昌效力。甚至有些诸侯有了艰难困苦,也都喜欢到周原向西伯姬昌寻求帮助。

◎ 明 佚名 周文王像

姬昌励精图治,领导周人不断开拓疆土,扩大影响,其势力逐渐由关中西部向中部和东部发展,一直东进到中部长安一带,最后就在丰镐建了都。这时是商纣王统治的时期。在西伯统治周50周年的时候,姬昌被称为文王。他的儿子姬发继位以后,重用姜太公望,封他为太师,又以周公旦为辅佐,继承文王之业绩,继续发展内力,以仁德影响天下。而统治全国的商纣王却不思上进,夜以继日地沉溺于酒色淫乱之中,为了宠幸妲己,不惜残害忠良,对国内进行残酷的剥削和压迫,向人民征收繁重的赋税,大肆兴建鹿台和商丘宫殿,甚至以酒为池,悬肉为林,荒淫无度,把国政弄得乌烟瘴气,以至于人民怨声沸腾。而且在西伯侯姬昌在位时,为了更好地控制周地，纣王把西伯侯的儿子羁押在殷都作为人质，同时又将西伯侯召至京师，禁止他的自由。纣王的一系列不义之举，激起了国人的愤怒。

到了商纣王三十年（前1046年），比干冒死进忠言，规劝纣王远离妲己，以国事为重，纣王不但不听，反而以极其残忍的手段，将忠臣比干的心挖出来给妲己看，同时还囚禁了忠臣箕子等人，其他贤臣看到纣王的荒淫暴虐，认为无可救药，太师疵、贤臣微子、少师强等人先后投奔到周，愿意跟随武王治理天下。武王认为讨伐商纣王的时机成熟了，于是在这一年殷历的二月初五日（农历为正月初五日），也就是甲子日，天还未亮的时候，周武王发兵聚集在牧野，准备讨伐商纣王。周武王在现场发下誓词，并历数商纣王不可饶恕的罪过，表示自己出兵是迫不得已，是"行天之罚"，也是个义举，所以武王之兵都是正义之师。大家高呼口号，坚决支持武王的行动，要讨伐不义的商纣王。商纣王闻风，也组织了70万众朝廷军队，以抵御周武王的讨伐军队。

战斗打响了，商纣王的士兵是被迫驱遣的军队，所以士兵们皆无作战之心，更无所谓英勇善战之兵将，而周武王的军队却战斗力空前高涨，他们都是为正义而战，所以几乎都是不怕牺牲、英勇善战之士。而且战斗中竟然出现了戏剧性的场面，商纣王的军队全部倒戈投奔周武王的军队，于是，武王的军威激增，商纣王陷入四面楚歌的境地，不义的君王和朝廷完全被孤立起来了。商纣王见大势已去，便自焚而死。周武王砍下商纣王的头颅，杀了祸害国民的妲己，释放了忠臣箕子。

周王朝建立以后，武王姬发成为第一代君主，他又追封父亲姬昌为周文王。周武王讨伐殷纣，建立周王朝，这自然是中国历史上最为重大的历史事件之一，它结束了一个残暴昏庸、气数已尽的旧王朝，兴起了一个生机勃发、百废俱兴的新王朝，历史的车轮又向前发展到了一个崭新的阶段，所以具有里程碑的意义。周王朝将这样重大的历史事件记录在一件具有象征意义的青铜器上，这个青铜器就是利簋。利簋出土于骊山北麓的临潼区零口乡西段村的一处周代遗址里，成为一段辉煌历史的见证物，所以是极为宝贵的文物。

关于利簋的出土，是令人激动的事情。时值 1975 年阳春之际，当时百花争艳，春风和煦，鸟语花香，在骊山北麓的临潼县零口乡西段村东侧，考古专家们发现了一处周代遗址，面积大约两万平方米，经过探测，专家们初步确定，这里有一座珍贵的周代墓葬，在墓葬以西大约 200 米的地方，有一个窖藏，里面埋葬着 60 多件铜器以及铜管状的网饰制品 90 多件，还有 5 件铜礼器，铜礼器上都刻有周代铭文，从而证实了这些文物的历史时间及其珍贵价值。令人惊讶又可喜的是出土文物中竟然有一件更为珍贵的物品，这件文物就是利簋。利簋是周代特殊的青铜制品，具有极为重要的象征意义，它是记录历史大事的承载物，形状别致，令人大开眼界。利簋形状是方座，深腹，高 28 厘米，口径为 22 厘米，在利簋的中心位置与底座连接的地方，饰有漂亮的云纹，还有夔龙纹，这是一个非常吉祥的图案。在利簋的底部，刻有四行铭文，字数不多，却意义深邃。这个仅有 32 字的铭文这样写道：

珷征商，佳甲子朝，岁鼎，克昏，夙有商。辛未，王在阑师，锡有司利金。用作檀公宝尊彝。

虽然文字简洁，却言简意明。这 32 个字涵盖的中心意思很明朗：周武王于某年某月讨伐商纣王。起兵会师这天是甲子日，在太阳刚刚升起来的时候，我军便战胜了商纣王，夺得了政权。古人非常重视鼎，在周代末期，也就是春秋战国时代，诸侯国喜欢使用的字眼就是"问鼎"，表示要向没有实权的东周王朝示威。在奴隶社会，各朝都把鼎作为礼器，鼎代表着政权，鼎在政权就在，鼎不在，表示政权已经易主。"岁鼎"就是表示把鼎夺过来了，也就是把政权夺过来了。

四、幽王烽火乱纲常

在商周时期,离骊山不远的地方有一个小国家,名叫骊戎国。骊戎国是一个姬姓小国,也许其国主就是周天子的亲属。根据史书记载,骊戎国中心区域的城墙有一丈五尺高,周长大约四公里。骊戎国位于现在的临潼区城区东边35公里的地方。

郦道元的《水经注》记载,骊戎国在戏水的西岸,即"戏水北经骊戎城东"。在骊戎国都城附近有一个村子叫崖王村,当地人一直把它叫做幽王垒,顾名思义,周幽王曾经把这里作为一个重要的军事防御要塞。在崖王村的东边不远处有一条小沟,叫碰头沟,这条沟也成为崖王村的一个小小的天然屏障。据当地人相传,当年周幽王烽火戏诸侯以后,当真的敌人进攻朝廷所在地的时候,诸侯再也不听从朝廷的召唤了,最后周幽王被犬戎强敌杀害于骊山之下,周幽工宠爱的妃子褒姒就在这个碰头沟的崖壁上撞死,可谓惨烈、悲壮。

但在司马迁的《史记·周本纪》的描述中,西夷犬戎进犯周王朝的时候,他们将幽王杀死于骊山脚下,把美丽的褒姒掳掠而去。褒姒做了西夷蛮族活生生的战利品,并没有像当地人传说的那样,为周幽王悲壮地殉情而死,而她最后的下落和命运后人并不得而知,《史记》中也没有交代。当地人之所以这样传说,当然对周幽王寄托着一种难以抹去的思怀之情。

周幽王是一个无所作为,非常腐败、荒淫的国王。他于公元前781年即位,在他统治国家的第三个年头,位于陕西汉中勉县以东的一个小国褒国(在今天汉中市北部褒河一带)的国君为了讨好王朝,就向周幽王进献了一个年轻美貌的女子,名叫褒姒。周幽王本来就荒淫好色,所以对褒姒百般宠爱。

◎ 骊山烽火台

褒姒得到了周幽王百般的宠爱，也为周幽王生了一个儿子，取名为伯服。周幽王因为宠爱褒姒，就对褒姒生的儿子也尤其偏爱，所以他便和历史上很多的昏君一样，废掉了嫡出的太子宜臼，并且把太子的生母、元配王后申氏也废了，并立褒姒为新的王后。从此，周幽王和褒姒在宫中寻欢作乐，不理朝政，国家一天天在走下坡路。

褒姒的笑容极其迷人，可谓天下无双。但是褒姒是个冷美人，轻易不苟言笑，这使周幽王很伤脑筋。周幽王为了讨得她的笑容可谓挖空心思，但是褒姒轻轻一笑之后，再也难得重现笑容。周幽王有一次故意将一把很珍贵的扇子撕了，果然博得了褒姒灿烂的笑容。以后周幽王就经常叫人撕扇子，以博褒姒一笑。可是，同样一件事情做得太多了，自然令人生厌，所以，撕扇子的愚蠢举动再也换不来褒姒的笑容了。周幽王不甘心，又叫人拿来宫中上好的丝织品，当着褒姒的面撕烂，丝绸是很珍贵的织物，既好看，撕烂时的声音也很好听，褒姒的笑容又出现在美丽的脸颊上，周幽王得到了新的满足。周幽王不断地叫人撕丝绸，让褒姒笑，但这声音也渐渐让褒姒腻烦了。

周幽王想着如果点燃烽火台，把京城附近的诸侯召集起来，这样的场面肯定能使褒姒露出笑颜。于是他让人在骊山的烽火台上点起了烽火，一时间烽火台上浓烟滚滚，各个烽火台次第传递这样的紧急信号，阵势壮大，令人震撼。附近的诸侯以为朝廷发生了什么大事，于是迅速聚集兵力，从四面八方赶到都城周围。周幽王和褒姒站在骊山高处，看到各路诸侯紧急、匆忙的样子，十分开心，不由得大笑起来。褒姒欢笑，幽王开心，可是却苦了辛苦的诸侯和士兵们，他们上当受骗，内心积怨连天。周幽王居然将这样的玩笑开了好几次，慢慢地，诸侯们不再为周幽王的恶作剧所摆布了，周幽王为他不检点的行为埋下了可怕的祸根。

公元前 771 年，当朝廷得知犬戎兵临骊山脚下的时候，周幽王才在慌乱之中，命令下属去烽火台点燃烟火，通知各路诸侯救助朝廷，可是，长期的愚弄与欺骗，使诸侯们厌倦了，他们认为周幽王又在玩"狼来了"的游戏，所以没有一个诸侯理会朝廷的紧急求救。可怜的周幽王被犬戎的乱兵杀死在骊山别宫，美丽的王妃褒姒最后也不知下落。犬戎与申国将周王朝京城中的金银珠宝抢掠一空，扬长而去。

『第三章』

大秦帝国神圣地

一、开疆拓土秦风猎

秦国最早是一个分封在陇地(今甘肃天水一带)的部族,这个部族勤劳勇敢,顽强不屈,但却充满了生存苦难。在原始氏族部落时期,秦部族是一个以鸟为图腾的东夷族部落的一支,舜帝时因其"调训鸟兽"有功,赐姓为"嬴",并"邑之秦"。在夏、商、周时,秦人一直都担任着"守西垂"的使命,后来,由于秦襄公将兵救周,拥立和护送周平王东迁洛阳有功,被封为诸侯,才具有关中西部之地。从周平王东迁到秦王朝的灭亡,秦人入主关中大地,历时达560年之久。在这560年的历史中,秦人奋发图强,励精图治,为了求得部族的生存,"皆自用而不徇人,崇今而不师古",重事功而轻伦理,特别是秦孝公重用商鞅,在古栎阳城(即今临潼区武屯乡)进行变法,强力推行法家政治,使"民以殷盛,国以富强"。

对于秦人的发展历史,司马迁在《史记·秦本纪》开篇就写道:"秦之先,帝颛顼之苗裔,孙曰女脩。"——女脩,就是秦人的远祖,即初祖,她是五帝之一的颛顼帝的孙女。《史记·秦本纪》中还描述道:"女脩织,玄鸟陨卵,女脩吞之,生子大业。"从这句话里,我们知道秦人始祖女脩不但是个织布的能手,而且她因吃了正在天上飞着的燕子的卵,孕育了秦人的远祖大业。

《史记·秦本纪》还记载:"大业取少典之子女华,生子大费。"大费即《尚书》中记载的伯益。伯益担任部落长时,主要率领部落族人在驯兽、治水、垦荒种稻等方面取得了非凡的成就,所以舜在论功行赏时,给他的部族赐姓为嬴,还给他部族的图腾挂上了黑色的飘带,祝福他和他的族人人丁兴旺,繁荣昌盛,以后大有作为。伯益受姓,标志着生息在东方的秦人氏族部落从此走出了原始人的混沌状态,步入了文明的轨道,被当时文明程度较高的黄炎集团所接受,融入了华夏民族的大文化圈之中。伯益和他的部族除了受赐得姓之外,还被封于"秦"。秦人最初的封地在今河南范县东南古范县城一带。

周代初年,嬴姓的秦人祖先追随商人的后代武庚,发动了一场反周叛乱,周人平息叛乱后,就把参与叛乱的嬴姓氏族变为部族奴隶,强迫他们为周王室养马。依据白寿彝主编的《中国通史》的说法,蜚廉一支的嬴姓部族被打得大败,跋涉数千里,迁到了西北黄土高原,"在西戎,保西垂"。"西垂",就是周王室的西部边疆。关于"西垂"的具体范围,一般笼统地指陇山以西原天水地区的渭水流域。综合史料和考古发掘成果,可以说,甘肃礼县的大堡子山一带,就是秦人部族的发祥地。

根据《史记·秦本纪》的记载,秦人部族首领的传承关系是:

恶来革——女防——旁皋——太几——大骆——非子

从恶来革到太几,这四位秦人部族首领没有什么业绩,但是太几的儿子大骆是个了不起的人物。大骆娶了申侯的女儿为妻,和西戎建立起了姻亲关系,为秦人部族复兴奠定了良好的政治基础。由于大骆及非子一族善于饲养繁殖马匹,就连犬丘一带的戎族部落也都非常佩服,名声传到了周王室内,周孝王就召见大骆的儿子非子,让他在汧河、渭河之间负责管理牧马事宜。由于非子的部族养马养得好,周孝王就封非子为附庸国国主,让他"邑之秦,使其复续嬴氏祀,号曰秦嬴",秦人之所以被称为"秦",用"秦"作为族名和国名,以"秦"为朝代名者,都是因为这个缘故。

秦人部族从女脩起到非子时,一共经历了18世,秦人经过十余代人的努力,终于翻到了部族历史新的一页,开始走上了新的更为广阔的政治历史舞台。秦人先祖非子做了周王室的附庸国主之后,带领秦嬴部族一边继续为周王室效力牧马,一边谋求发展。但是时间不长,非子就去世了,他的儿子秦侯继承了他的附庸国国主之位,但是在位时间也不长,只有短短的十年时间。虽然史书上没有记下秦侯有什么大作为,但却记下了秦自秦侯时"始有纪年"。所谓"始有纪年"是说秦赢部族开始有了自己的纪年方法,也就是说具有了相对的部族独立性,它不再是一个默默无闻,可有可无的小部族了,在政治上有了自己的独立性。同时也表明了秦赢部族开始具有了明确的部族独立意识和自主意识,这是秦赢部族在政治上最初的觉醒。

共和十四年,周宣王姬静即位,周王室出现中兴局面。但是,内乱方平,外患未已,活跃在周王室西部地区的戎族部落虎视眈眈,觊觎王室。周宣王在公元前824年召见了非子的曾孙秦仲,大张旗鼓地表彰秦人部族为周王室效命守土的功绩,还赐封秦仲为大夫。

秦仲受赐为大夫,便受朝廷命令率领族人讨伐西戎。据《史记·秦本纪》载:"秦仲立二十三年,死于戎。"也就是说,秦仲率领秦人部族与西戎战斗了整整20年,而且最后战死在战斗前线。秦仲对于周王室,对于秦人部族真可以称得上是"鞠躬尽瘁,死而后已"。

在秦仲与西戎的作战中英勇牺牲之后,周宣王在镐京召见了继承附庸国国君之位的秦庄公,鼓励他率领秦人部族继续与西戎战斗。秦仲的五个儿子个个都是好汉,他们在庄公的率领下,带领着周宣王借给他们的7000兵士向西戎发起了复仇的反击,不但收复了犬丘宗邑重地,而且还占领了西戎的大片土地,为此,周王室给予庄公以"西垂大夫"的封赏。

秦庄公在位44年,是秦族历史上在位时间比较长的一位首领。秦庄公之

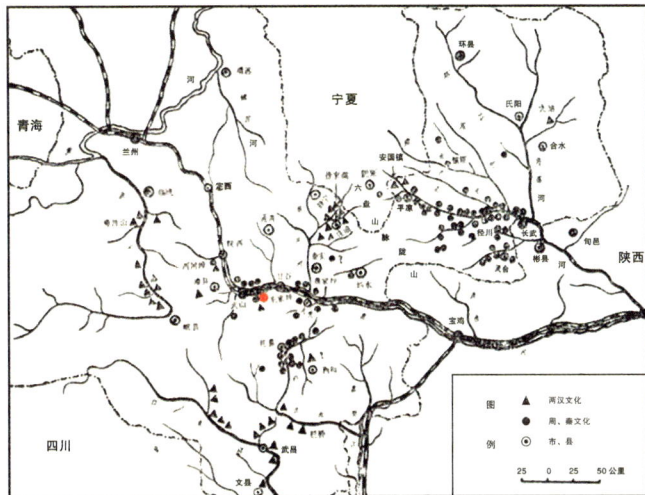

◎ 秦人的由来与西迁地图

时,秦人部族在政权建设与军事斗争中多有建树,而且从他开始,秦人首领开始称公,此时的秦人部族开始走出政治低谷,在争战中铿锵崛起。秦人逐渐将势力从天水发展到关中西部雍城一带,后来秦孝公将势力又推进到骊山脚下的栎阳城,随着商鞅变法的实施和秦国的一步步强大,秦人揭开了称王天下的序幕。

二、商鞅变法成大业

公元前361年,秦献公的儿子秦孝公继承王位。在秦孝公继位之前,秦献公已经为国家的强盛和快速发展进行了全方位的改革。为了使国家的发展速度更快一些,强盛的步伐跨越得更大一些,秦孝公在继位的第一年,便向全国乃至天下发布了一道诏书,名为"求贤诏"。他在诏书中总结了秦国自秦穆公以来的辉煌业绩,诉说了"厉、躁、简公、出子之不宁,国家内忧"的状况,以及他的父亲秦献公之业未竟,所以非常痛心,而且表示自己责任重大,要把秦国的发展带入快车道。因此,他真诚地发出呼声,将在秦国的宾客和群臣中求贤纳良,其他国家的人才如果想要到秦国来发展,他也衷心地表示欢迎。谁如果能给国家出好主意,并帮助他使秦国真正强盛起来,他便给谁很高的官位和优厚的待遇,甚至可以与他平分天下,共同治理秦国。

重赏之下必有勇夫。秦孝公的求贤诏书一经颁布,果然召来了很多杰出人才,其中最为出类拔萃的人才就是后来名显百代的变法者商鞅。商鞅原为卫国的后裔,所以名叫卫鞅,因为姓公孙,因此又叫公孙鞅。商鞅的商姓,是由于他在秦国推行改革以后,立现成效,秦国迅速强大起来,所以秦国为他加封,他的封地在商地(今陕西省丹凤县一带),因此,他后来被称作商鞅。

　　秦孝公了解了商鞅的才能之后，下定了改革的决心，自然也下定了重用商鞅的决心。不久，一场波澜壮阔的改革的号令，便从秦都栎阳发出，这场改革，很快使秦国发生了翻天覆地的变化。

◎ 商鞅像

　　商鞅的改革包括三个方面：第一，组织全体国民，进行互相监督。将全国的家庭，五家分为一个保，设立伍长；十保为一个什，设立什长。伍或什的各户人，都要互相监督，如果有一家犯罪，而这伍或什中无人举报，那么全伍全什的人便要受到连坐，同罪同罚；而对于举报的人都将给予奖赏，不举报的人与犯罪者同罪，如果谁敢藏匿犯罪的人，将视为叛国投敌罪，加以严惩。第二，把家庭划小，取缔以宗亲关系为基础的大家庭。家庭中有两个以上男子的，必须分家，不分家便加倍收取赋税，这样鼓励家庭创业，提高所有人的积极性。第三，奖励战功，取消旧贵族的特权。他对有战功的人，不管是贵族还是平民，都给予赐爵，同时赏赐土地。过去的旧贵族，没有战功的一律不得有爵位，也不能享受特权。

　　这些改革措施，极大地鼓励了全国人民的积极性，大家都行动起来，进行生产活动，特别是平民老百姓得到了好处，只要勤奋努力，就能得到奖赏，所以干劲倍增。而贵族的特权受到了一定的限制，打击了他们不劳而获、坐享其成的懒惰行为，所以触及了贵族的既得利益，贵族对商鞅恨之入骨，企图伺机报复。自古以来，改革变法都是对国家、对王权、对老百姓有利的事情，但是由于挫伤贵族的利益，所以改革者历来都会受到来自权势集团的凶狠报复，商鞅后来的悲惨下场正是这样的结果。但是经过变法和改革的秦国，毕竟迅速发展、强大起来，最后成为诸侯国中实力最为强大的国家，以致在一百多年后，秦始皇嬴政时代，横扫六国，势不可挡，最终统一了天下，商鞅也被记入史册，其美名流芳千世而不朽。

三、栎阳名城垂青史

古栎阳城即秦汉栎阳故城,又称万年城,是古时关中著名的一座城市,始建于秦献公二年,东汉末年废弃,经历了 300 多年的历史时光。故址位于西安市阎良区武屯镇官庄村和御宝屯一带。地处关中渭北灌区,位于石川河和清河交汇处,北依荆山,南临渭河,城址附近地面平坦,河渠纵横,植物丰茂,是发展农业的好地方。现在地表以上已无遗迹可寻,文化遗迹、遗物一般被埋在地表一米至两米以下。

早在 5000 年前,这一带曾经森林茂密、气候温润,我们的先民就在这里繁衍生息。在今石川河沿岸的义和、南康桥、菩星、康家等仰韶文化遗址中,还能发现那个时候遗留下来的痕迹。西周时期这里地处京畿之地,是镐京(今西安市西南)东北方向通往今山西的必经之地,同时也是周王室理想的畋猎之地。春秋战国时期,由于这里"北却戎翟,东通三晋,亦多大贾",交通十分便利,关中早期城镇栎邑就在这里形成了。同时,这里在军事上也具有重要的意义。司马迁在《史记》中便说它"北却戎翟,东通三晋",即它向北可以攻打和防御北方的戎狄,向东过黄河与三晋(韩、赵、魏)相通,处于进可以攻,退可以守的军事上的优势。因此,秦国在势力不断增强,积极向东进军的时候,便设置了临时都城。那时候,秦晋两国在岐芮道上还进行过较为频繁的争夺战。公元前 562年,秦攻取了晋国的栎邑(即栎阳)。

公元前 384 年秦献公即位后,加大了对栎阳城的建设力度,并在这里进行了一系列的改革,展开了对魏国的军事反击,初步改变了被动挨打的局面。

秦献公去世后,他的儿子秦孝公继承了他的事业。秦孝公任用商鞅进行了一系列的改革,使贫弱的秦国一跃而成为诸侯国中最先进、最富有的国家,为后来秦始皇统一中国奠定了坚实的基础。公元前350年,商鞅在秦孝公的大力支持下,在栎阳城第二次颁布变法令,将国都由栎阳迁往咸阳。栎阳作为秦国的都城虽然只有34年,但这一时期秦国正处在由弱变强的转折时期,所以栎阳城在我国都城史上有着极其重要的地位。古栎阳也因商鞅变法闻名遐迩。

秦献公11年(公元前374年),秦国在这里设置栎阳县。自从公元前350年,秦孝公从栎阳迁都咸阳之后,栎阳县仍不失当年的繁华。它是秦国从咸阳通晋国的必经之地,是关中的交通枢纽。

◎ 栎阳城遗址

东西往来的商贾多经于此,所以商业比较发达。据《西安古代交通志》记载,当时由咸阳东行,经过高陵、栎阳、重泉,直至蒲津渡过黄河,向北可以到达太原。当年秦国对赵国作战,走的就是这条路。秦国统一天下以后,这条路成为秦朝的交通干道,秦始皇第三次出关中巡视归来时,就是经此路返回咸阳的。秦孝公迁都咸阳以后,栎阳的宫殿作为秦王的行宫得以保存。

至公元前221年,秦国在嬴政的领导下,相继消灭其他六个诸侯国,最终统一了全国,建立了中国历史上封建社会的第一个中央集权专制国家,同时,统一了文字、货币、度量衡、道路、农田等。当时担任太史令的栎阳人胡毋敬,参与了统一文字的工作,并参与了将大篆改为小篆的改革工作,著有《博学篇》七章,为统一文字作出了很大贡献。

从唐代武德元年起,朝廷将县治从栎阳迁走以后,古栎阳失去了昔日的繁华景象。北宋时宋敏求所著的《长安志》说:"又有古城在县北,东西五里,南北三里。"由此可见,栎阳城在宋代尚有迹可寻。元明两代,官军在此屯田,风雨侵蚀、人为的破坏,栎阳故址的城郭消失了。到了清代,它已没有什么明显的遗址标志。乾隆时的《临潼县志》中说:"今城郭虽废,气象犹存。"以后人们对古栎阳的认识更加模糊不清,许多人把今天临潼区的栎阳镇误认为是秦汉时期的古栎阳,其实那是唐代以后所建的栎阳。1964年陕西省文管会对古栎阳遗址进行了专门的调查。1980年到1981年,中国社会科学院考古研究所在此进行了勘探,为弄清古栎阳城的方位、规模,为古栎阳遗址的研究发掘工作奠定了基础。2001年栎阳城遗址被国务院列为第五批全国重点文物保护单位。

四、千古一帝秦始皇

秦始皇(前259—前210年),姓嬴,名政,是首位完成了中国统一大业的秦王朝的开国皇帝,也是一位叱咤风云,带有传奇色彩的历史人物。

秦始皇是中国第一个多民族中央集权的君主专制大帝国的缔造者,他创立了中国封建社会的第一个朝代。在中国历史上,他第一个使用了"皇帝"的称号,所以对中国和世界的历史都产生了深远而重大的影响,特别是在中国,从秦代以后,直到清朝末年,整个两千多年的封建社会所有统治者,都像他一样,自称为皇帝,因此,明代思想家李贽称誉他为"千古一帝"。

秦始皇出生的时代，正值春秋战国末年。他的父亲名叫异人，是秦昭王的孙子，秦国安国君赢柱（即秦孝文王）的儿子。秦始皇的父亲异人，由于在秦国王族中地位比较低，曾被派往赵国做人质。当时，在赵国邯郸做生意的阳翟（今河南省禹县）大商人吕不韦，看到异人这种特殊的背景和处境，又分析了当时的战国形势，觉得不久的将来统一六国非秦莫属，于是便认为异人"奇货可居"，可以利用他进行一场政治大投机。《战国策·秦策》中有一段有趣的记叙："吕不韦归而谓父曰：耕田之利几倍？曰：十倍。珠玉之赢几倍？曰：百倍。立国家之主赢几倍？曰：无数。曰：今力田疾作，不得暖衣余食，建国立君泽可以遗世，愿往试之。"

◎ 千古一帝秦始皇
赢政像

于是，吕不韦便穿梭于秦赵两国之间，伺机寻找政治投机的时机。当时安国君被秦昭王立为太子。安国君最宠爱的妃子叫华阳夫人。华阳夫人没有儿子，吕不韦认为这是一个缺口，可以进行政治投资。他经过周密考虑，说动华阳夫人，收异人为儿子，做安国君的继承人。他又通过一番辞令，劝说赵王放异人回秦国。

异人回国后为了取悦华阳夫人，就改名为子楚（因为华阳夫人是楚国人），终于被立为太子。子楚在邯郸的时候，吕不韦把自己的宠姬作为特殊礼物，赠给子楚为妻，生下赢政。这也是后来人们认为赢政是吕不韦的儿子的重要原因。

秦昭王死了以后，安国君继承秦国的王位，成为秦孝文王。秦孝文王只做了三天秦王就死了，他的儿子子楚即位，被称为秦庄襄王。子楚当上秦王以后，又立赢政为太子。

公元前247年，赢政13岁的时候，秦庄襄王死了，这时赢政被立为秦王。由于赢政年龄比较小，另外，因赢政的母亲是当年吕不韦献给秦孝文王子楚的宠姬，因此吕不韦就被封为相邦（宰相）。吕不韦当了相邦以后，封蒙骜、王翦、庶公为将军，秦国国事主要由吕不韦负责，赢政称吕不韦"仲父"。

秦王政九年（前238年），赢政已经是一个22岁的大小伙子了，秦国在故都雍城为嬴政举行了盛大的国君成人加冕仪式，从此，嬴政开始"亲理朝政"。嬴政是一个个头儿高大的青年人，关于他的形象，《太平御览》卷八十六引《河图》记载说："秦国之帝名政，虎口，日角，隆鼻，长八尺六寸，大七围，手握兵执矢，名曰祖龙。"《史记·秦始皇本纪》也引秦国大臣尉缭的话说："秦王为人，蜂准，长目，鸷鸟膺，豺声。"综合以上描写文字，我们可以得知，嬴政长到成年以后，便成为一位伟岸的男子，他身高近两米，天庭饱满，大眼睛，高鼻梁，胸部突出，声音有些嘶哑，就像豺狼一般。所以从外表看，嬴政是一个十分可怕的人。

嬴政亲政之前，吕不韦一直把持着朝廷。太后（赵姬）是他当年献给秦孝文王子楚的宠妃，所以秦孝文王去世后，他就经常与太后偷情。他看到秦王嬴政一天天在长大，怕他和太后的奸情被发现，就想离开太后，但他又害怕遭到太后的怨恨，于是将假宦官嫪毐献给太后，嫪毐假施腐刑，只拔掉胡子就进宫了。他是继吕不韦之后太后的第二个面首。嬴政日渐长大，于是他们就骗嬴政，说太后寝宫风水不好，应搬离这里。嬴政信以为真，让他们搬到离王宫比较远的地方，结果太后和嫪毐生下了两个私生子。嫪毐以秦王假父自居，在太后的帮助下被封为长信侯，领有山阳、太原等封地，而且自收党羽，在雍城长年经营，建立了庞大的势力。

公元前238年，嬴政亲政以后，想除掉吕不韦和嫪毐的势力。嫪毐动用了秦王御玺和太后玺，在雍城发动叛乱，攻向嬴政所在的蕲年宫。而嬴政早已在蕲年宫布置好三千精兵，打败了嫪毐的叛军。嫪毐转而攻打咸阳宫，嬴政在那里也早已布置了军队，嫪毐战败，落荒而逃，没过多久便被抓获。嬴政将嫪毐车裂，暴尸示众；又把母亲太后关进雍城的萯阳宫；并且摔死了嫪毐与太后所生的两个私生子。嬴政随后免除了吕不韦的相职，把吕不韦放逐到巴蜀，最后将回到自己封地的吕不韦以毒酒赐死。

嬴政以铁的手腕，果断地平定了国内的暴乱势力，并铲除了

所有异己的力量。此后,他便开始了对东方六国的进攻。在李斯、
尉缭、王翦、蒙恬等一批文臣武将的帮助下,他不失时机地拉开了
横扫六合、统一中国的伟大战争的序幕。从公元前 230 年开始,历
经十年血雨腥风的残酷战争,嬴政终于消灭了六个诸侯国,在咸
阳称帝,建立了秦王朝,从而结束了自春秋战国以来,长达数百年
之久的分裂割据、混乱不已的局面。对于他的武功,唐代伟大诗人
李白写诗称颂说:

> 秦王扫六合,虎视何雄哉。
>
> 挥剑决浮云,诸侯尽西来。

公元前 230 年至公元前 221 年,秦始皇采取远交近攻、分化
离间、连横的策略,发动秦灭六国之战。

嬴政统一中国以后,做了皇帝,他还企望皇位由儿子、孙子一
直延续下去,直到万世,所以自称为始皇帝。

为巩固来之不易的封建政权,秦始皇在全国推行了一整套的
统一措施,简称为"书同文""度同制""车同轨""行同伦"。秦始皇
首先废除了古代的封土建国制,实行君主专制的中央集权制。在
皇帝的全权领导下,中央设置了三公九卿,即丞相、太尉、御史三
公,统率着国家中央的各个部门。在对地方的治理上,改变了封王
建国(诸侯国)的办法,采用了郡—县—乡—亭—里的政权组织形
式。这样,从中央到地方,大权都集中在皇帝的手中。

其次是统一度量衡。由皇帝向全国颁发统一的度量衡标准
器;统一文字,全国通行秦国小篆;在全国修筑驰道和直道,同时
发兵向南平定南越(今广东、广西)等地,向北修筑长城,防御匈奴
的进犯。为了巩固统一成果,他曾五次出巡全国,向西走到了今天
的甘肃东部,向东向南走到了今山东、江苏、浙江一带。他每到一
地,都要刻石立碑,作为纪念,宣扬皇帝的功绩。

公元前 210 年,秦始皇死在了东巡的路上,享年 50 岁。秦始
皇帝死后,被葬在了骊山脚下。

五、藏风止水秦东陵

在景色秀丽、满目苍翠、田畴纵横的骊山北麓,有一片平坦开阔的大平原。平原南面是茂密的山川林木,葱翠连绵,点缀着苍茫的骊山山脉;平原的北面则是潺湲东流的渭水,如白练一般,横贯在骊山的前方,滋润着碧绿的田野。其实,当你踏上临潼这块土地的时候,你实际上已经和蓝田猿人、姜寨人、半坡人的双脚踩在同一块土地上了。我们都是华夏民族的一分子,在临潼这块土地上,特别是到了骊山,我们马上就能想到我们的祖先华胥氏以及女娲、伏羲所给予我们的一切。

在骊山脚下大片的土地上,踏着先祖的足迹,又出现了中国历史上最负盛名、也最有影响力的周代先祖以及奠定中国国家制度和文化基础的秦汉祖先的履痕。在这里,我们重点要探寻大秦帝国先祖的足迹,只要居住在关中,或者来过西安和临潼的人,都不会对在骊山脚下的临潼土地上留下诸多痕迹的大秦先祖陌生。

◎ 秦东陵遗址现貌

最为震撼世人的地下奇迹,就是全世界都知道的秦兵马俑和"千古一帝"秦始皇的帝陵等。

秦始皇陵为什么要选址在临潼呢?这当然和秦帝国后来的历史发展有密切关系。在秦始皇帝之前,从天水渐渐向东推进的秦国的祖先,通过蚕食和渗透的策略从秦陇山区走出来,逐渐涉足开阔的关中大平原,又从宝鸡、岐山一带,把国家版图扩展到咸阳以东的骊山脚下。他们几代祖先在这里奋斗,巩固东侵的成果,并在这里扎根,留下永久的痕迹。

公元前 350 年以前,秦先祖秦献公、秦孝公等,已经在这里经营发展自己的国家了。他们一度把国都从凤翔的雍城迁到了临潼的栎阳城,秦孝公在这里任用商鞅,进行了著名的改革——商鞅变法,使秦国很快强大起来。在栎阳期间,秦国把去世的先祖的尸骨留在了这里,建立了秦东陵墓群。

秦先王陵区也就是秦东陵。秦东陵的叫法,最早见于《汉书·萧何传》,而在《史记·秦本纪》《史记·秦始皇本纪》中,则称"芷阳"。这是因为这里离秦国芷阳城比较近,所以以地名而得陵墓名。秦东陵位于骊山北麓、灞河以东的铜人原上。在这一陵区内,共发现四座陵墓,现在这四座陵墓已经得到发掘,这几座秦墓在研究秦史中已有所提及。秦东陵是秦始皇的祖父、父亲及王后的墓地。它的具体位置在今天临潼区的韩峪乡斜口以及西安市灞桥区一带,这个地方古时叫芷阳。

从《史记·秦本纪》《史记·秦始皇本纪》《史记·吕不韦列传》等最早的记载来看,悼太子、宣太后、昭襄王和唐太后,庄襄王和帝太后,都葬于芷阳,而对孝文王和华阳太后只说葬于"寿陵",却没有说葬于芷阳。这说明孝文王和华阳太后并没有葬在芷阳陵地,所以在秦东陵范围之内,只葬有两代秦王和其他重要人物。总之,《史记》中有关秦陵葬地的记载,源自秦人史书《秦记》,因而是可靠的。

六、秦皇陵墓耀乾坤

在中国历史上,由于浓厚的封建迷信思想,以及奉行"事死如事生"的礼制,历代帝王都十分重视修建陵园。在绝大部分情况下,中国古代皇帝一即位,便开始给自己修建陵墓。秦始皇帝在当上秦王的那一年(公元前 247 年),便开始了给自己修建浩大陵墓的工程。

秦始皇的陵墓在全国统一后,营建工程得以大规模进行。为修筑陵园所征调的役夫徒卒最多时达到了 70 多万人,前后花去 39 年时间。直到秦始皇帝死时,陵园工程尚未完全竣工。秦始皇陵用工量之巨大,比埃及金字塔有过之而无不及。司马迁在《史记·秦始皇本纪》中对秦始皇陵的修建以及陵墓内部的结构情况,有一段生动的描述:始皇刚即位不久,就着手修建陵墓。等到全国统一后,又派 70 余万人工,前往该地服役。墓穴挖掘深至三层泉水之下,用铜汁浇铸,封闭泉眼后,放置棺椁。又在墓冢内修筑百官宫观,墓内藏满稀奇珍贵的宝物,命令工匠制造暗箭机关,如果有人盗墓,一接近就会触动自动发射乱箭的机关。陵墓四周用水银做成百川江河大海的格局,并用机械灌输,使水银流动不息。墓室的顶部用大小珍珠装饰成日月星辰,地下布置九州五岳,还用娃娃鱼的脂肪做成蜡烛,以期能够永久燃烧,而不会熄灭。在下葬的时候,秦二世胡亥说:"先皇帝的后宫妃嫔,未曾生育的,放出宫外是不合适的,一律让她们陪葬。"因此殉葬的宫女甚多。葬礼完毕,先封闭了中心墓道,然后又把外围的墓道也完全封闭,使工匠们无一逃生。被埋的工匠和宫女大约有一万多人,这些鲜活的生命,就这样为一个死去的皇帝陪葬了。最后在陵墓上面种满了草木,使陵墓像山陵一样。

◎ 气势恢弘的兵马俑

　　秦始皇陵是中国封建帝王的第一大陵墓。陵墓选址在临潼境内，背依骊山，面朝渭水，可谓山环水绕，气势雄伟，风景秀丽，远远望去犹如一座巍峨耸立的小山丘。当年，秦始皇陵刚刚修建好时，从外观上看，其规模是"坟高50余丈"，折算成现代的高度，大约等于115米左右，占地面积大约为56平方公里多。为了揭开秦始皇陵的无穷奥秘，考古工作者从20世纪60年代初，就开始了对陵园进行科学钻探和调查的系统工作。秦始皇陵墓近似方形，形状像覆斗一般，夯土筑成。在陵墓外的地面上，起初建有两重城垣，以南北走向呈现长方形，分内城和外城，四周均有大型宫殿建筑遗址，分布着大量形制不同、内涵各异的陪葬坑和墓葬。现已探明的就有四百多个。

　　秦始皇陵的其他一切建筑都以地宫为中心，按当时的礼仪来建设。古代人相信人死后会到另一个世界，所以，还要像活着一样，继续生活和享受。因此，建设陵墓时，对本人活着的时候所有的一切，也都要在地下的王国中予以体现，把这叫做侍奉死人和侍奉活着的人一样，并把这些视为一种礼仪规范，形成一种厚葬的风气，被历代帝王所承袭。秦始皇帝作为一个强大帝国的君主，而且又好大喜功，他自然要为自己的后事大操大办。

　　秦始皇陵除了在陵墓上修建内外城以外，还建筑了其他附属设施。秦陵的西侧，在内城与地宫之间，出土有铜车马，这是秦始皇地下王国中帝王的车驾模拟。秦陵中央，像人间一样，设有官署，官署中有三公九卿，九卿中有少府，少府的职责是专门为皇帝的日常生活服务，其中便有乐府、食官等官署，乐府的任务是在皇帝举行重大活动及娱乐时奏乐，食官是管理皇帝饮食的。

秦陵西侧还有地下建筑，是珍禽异兽坑。这个珍禽异兽坑，是秦始皇的苑囿的写照。古代帝王在都城附近都建有苑囿，这是供皇帝游猎休闲的地方。秦陵的珍禽异兽坑，是供秦始皇的灵魂游猎的地方。和苑囿相似的还有马厩坑。马厩坑所埋的活马有几百匹，这在当时已是一个不小的数目了。在当时生产力低下的情况下，用这么多的马来陪葬，自然是带有极大破坏性的消费了。

秦始皇陵北内城里边，是皇帝陵的寝殿。在北外城以外，还发现有为陵墓祭祀及上食提供用酒的造酒作坊。秦始皇陵外城西北有一个打石场，是修陵所用的石料加工场地。在秦始皇陵中还发现了一颗博琼。这是古代的一种游戏器具，这种游戏叫做六博之戏，和现在的下棋相似。秦始皇陵发现的博琼是一个十四面体的圆球，十四个面上，分别刻有一至十二这样的数字，另外两面还分别刻着"骄"字和"骮（音，huai，失败的意思）"字。这说明，在修陵的过程中，大多数人在艰辛地劳动，另有一些低级的或一般的管理人员，在进行六博游戏或者赌博活动。这种情形，组成了一幅秦代社会风俗的画卷。秦始皇陵外城东，除了名扬海内外的秦兵马俑及马厩坑以外，还有一个较大的陪葬墓群。在这里发现了十七座陪葬墓，同时有许多殉葬品，比如陶器、金银器等。这个墓葬群是秦始皇宗室的陪葬墓，陪葬人可能是秦始皇的子女。

秦始皇陵的陪葬品数量到底有多少？据司马迁称，"奇器珍怪徙藏满之"。最新考古勘探结果显示，秦始皇陵地宫东西长260米，南北实际长160米，总面积41600平方米，规模相当于5个现代标准的足球场那么大。地宫里面的陪葬品以"藏满之"来推测，数量应该是很惊人的。秦始皇所睡的棺椁就是无价之宝。据《汉书》等史书记载，"冶铜锢其内，漆涂其外""披以珠玉，饰以翡翠""棺椁之丽，不可胜原"。目前仅在陵区地宫外发现的文物，就已经超过 10 万件；阵容宏大的兵马坑更是震惊世人，被称为"世界第八奇迹"，由此也可见秦陵"第一陵"的地位。

但是也有一些专家认为，秦始皇陵地宫中的陪葬品未必有那么多，其原因是，在公元前 206 年，秦始皇陵已经被挖掘过。当时，项羽为了报复秦王的横征暴敛，进入关中以后，曾"盗掘其陵墓，燔烧其宫观，三十日运物不绝"。班固的《汉书》记载了"牧羊儿火烧秦始皇棺椁"的故事，说有一个在秦陵附近放羊的孩子，发现有几

◎ 将军俑

只羊掉入地洞中，就打着火把到地洞中去寻找，不料越走越深，无意中闯进了秦陵地宫，他不小心引发了大火，把秦始皇的棺椁烧掉了（当然这也许是杜撰）。汉代以后，传说盗挖秦陵的事也不断发生，比如西汉末年的赤眉军、十六国后赵皇帝石季龙、唐末起义军首领黄巢等都曾经到过秦陵，甚至到了民国时期，军阀孙连仲也打过秦陵的主意。也有史料说，秦陵的地宫并没有被打开过，当年项羽确实是想掘开秦陵，但因秦陵太坚固，无功而返，仅留下了两条"霸王沟"。已完成的对秦陵的考古探测，初步证明秦陵的地宫仍然完好无损。探测中发现盗洞有两个，直径一米，但深度只有九米，离地宫还很远。目前，已出土的文物和发现的被盗物品，多为陪葬坑或甬道内的陪葬品，秦陵地宫中的宝物尚无法估量。

1949 年以后，我国政府对秦始皇陵尽力加以保护。1961 年，

◎ 秦始皇陵出土的铜车马

国务院将秦始皇陵列为全国文物重点保护单位之一。1974 年,秦始皇陵兵马俑出土,这一次震撼世界的考古事件,引起了国内外对秦始皇陵的巨大关注。1987 年,秦陵被列入联合国教科文组织的世界遗产保护单位中。现在,秦始皇陵已经得到了非常有效的保护。

『第四章』

西汉风云依稀在

一、刘项争雄鸿门宴

鸿门宴是《史记》中最著名的故事之一，鸿门宴的故事发生在骊山以北七八里地的新丰镇南边的一个村子，这个村子叫鸿门堡。在司马迁的笔下，这个故事得到了不寻常的渲染，其中不但诡异多端，一波三折，充满曲折性，而且这个故事在中国历史上产生了深远的影响，对于中国文化来说，"鸿门宴"的衍生意义无比深远而重大。

秦朝末年，政治腐败，徭役繁重，朝廷一片乌烟瘴气，人民不堪忍受苦难。于是在秦二世元年(前209年)，陈胜、吴广被迫举起了起义的大旗，率领不堪极其繁重劳役生活的民工，向秦朝政权首先发难。农民起义的烈火燃烧起来以后，迅速引发了那些不甘失败的原六国贵族的复国梦想，他们也纷纷起来反对秦帝国。在风起云涌的反对暴秦的队伍中，以原来的楚国人项羽以及刘邦的力量最为强大。起初，项羽的势力非常强大，刘邦的势力相对弱小，根本不是项羽的对手。项羽因为听从了军师范增的计策，立被秦国杀害的楚怀王的孙子熊心为新的楚王，名义上还叫楚怀王。

在秦二世三年(公元前207年)，正当项羽倾全力在河北与秦朝的主力章邯的军队决一死战的时候，刘邦却先行进入了关中，由于项羽的军队牵制了秦朝的主力，所以为刘邦很顺利地占领秦都咸阳创造了机会。这时，秦二世已被赵高杀害，赵高立秦二世胡亥哥哥的儿子子婴为秦王。刘邦率领军队进入关中之后，只做了46天秦王的子婴，用绳子把自己绑起来，以白马素车，列阵在灞河东岸，恭恭敬敬地等候着刘邦的军队，并将秦朝的国印(传说是用和氏璧做成)交给了刘邦。刘邦接受了子婴的投降以后，直接进军咸阳城。不久，项羽才率领军队，从潼关进军到戏水(在临潼以东

◎ 项羽像

30 里的地方)西岸，驻军在临潼新丰以东的鸿门堡。刘邦自知自己敌不过项羽，所以赶快率军退守在灞桥一带，准备以迎接的姿态等待项羽。这时，刘邦和项羽的实力相对悬殊，刘邦的军队只有 10 万人马，而项羽的军队却超过了 40 万。

项羽的谋士范增对项羽说，刘邦过去曾是一个贪财物、爱美女、没有修养、也没有城府和远大志向的无赖，但是他这次进入咸阳以后，却对宫中的财物丝毫未动，对宫中的美女一个也没有霸占，看来这个人的志向不小，应该趁他的实力还不是很强大的时候，一鼓作气将他消灭掉，以免留下后患。关于刘邦的这个情况，刘邦军营里的一个军官曹无伤也派人向项羽作了汇报。项羽是个沉不住气的人，一听到这些情况，马上就下令说，第二天犒劳军队，对刘邦发动进攻，消灭刘邦的势力。

但是，事情往往在关键时候会发生意想不到的戏剧性变化，甚至出现逆转。项羽的伯父项伯曾与张良有过特别的交情，关系不一般。张良这时正在为刘邦做事。项伯连夜到刘邦的军营找到张良，将项羽军营的动向告诉了张良，并让张良和自己一块走，免得与刘邦一起被项羽剿杀掉。但是张良是一个忠于君主的人，他不同意立即跟着项伯走，认为这样做太对不起沛公(刘邦是沛县人，所以称沛公)。于是张良就将范增的计划和项羽的决定告诉了刘邦，刘邦听后大惊失色，就问张良该怎么办，张良向刘邦出计说："你可告诉项伯，说你对项羽是很敬重的，从来不敢违抗。"刘邦问张良："你怎么跟项伯这么熟悉？"张良说："以前，我曾同项伯的关系很不错。项伯杀了人，我想办法救了他。现在我有急难，他便来告诉我，这是对我的回报。"于是张良带刘邦和项伯见了面。刘邦设宴招待项伯，并且表示愿意和项伯结成儿女亲家，趁机对项伯说："我率领军队进入关中以后，秋毫不犯，将府库也都封存起来了，就是等项将军来。我日想夜盼着你们赶快到来，怎么敢反叛呢？请你将我的一片赤诚之心转告项羽将军，我对他是一向拥护的。"项伯答应了,并说:"明天你一定要早点来拜谢项王。"

第二天早上,刘邦带了一百多个骑士来见项羽。他们到了鸿门堡,就上演了如前文所述的鸿门宴故事。

鸿门宴的故事在中国历史上长期流传,成为中国文化史乃至艺术史上永远抹不去的记忆,这个悲壮的故事经过多年的流传,最终衍化成两个典故,一是将那些不利自己的请客也比作鸿门宴;二是将他人做的别有用心的事或者说的居心叵测的话称作项庄舞剑,意在沛公。在鸿门宴上,项羽没有抓住机会将刘邦杀掉,给自己留下了无穷的后患,最终导致了彻底覆亡的命运,给世人也留下了无尽的遗憾。但是项羽虽然是一个失败的王者,却在中华历史上留下英雄的美名,令后来世世代代怀念不已,而刘邦意外地躲过了劫难,在后来的战争中,逐渐转弱为强,终于从劣势发展为强势,最终打败了项羽,建立了大汉王朝。

二、刘邦迁父安新丰

汉高祖刘邦于公元前 202 年,建立了大汉帝国,定都长安之后,准备荣归故里,衣锦还乡,并把父亲从丰县老家接到关中来定居,想行一下作为儿子的孝心。这是无可厚非的慈孝之举,在向来号称礼仪之邦的中华历史上留下了美名。

但是,刘邦被封为太上皇的老父亲刘太公,虽然享受着荣华富贵,却因思念故里,时常闷闷不乐,在关中这个新地方过得并不开心。晋代学者葛洪在《西京杂记》中记载:"太上皇(指刘邦之父)徙长安,居深宫,凄怆不乐。高祖(指刘邦)窃因左右问其故,以平生所好,皆屠贩少年,酤酒卖饼,斗鸡蹴鞠,以此为欢,今皆无此,故以不乐。高祖乃作新丰,移诸故人实之,太上皇乃悦……既作新丰,并移旧社,衢巷栋宇,物色惟旧,士女老幼,相携路首,各知其

◎ 刘邦像

室,放犬羊鸡鸭于通涂(途),亦竞其家。新丰本秦骊邑,汉高祖按其家乡丰县格式改建,并迁来丰县居民,故名。"正如葛洪所描述的那样,刘邦暗自问太上皇左右的人,他们都说太上皇在家乡丰县非常喜欢踢球、斗鸡、喝酒等娱乐活动,现在虽然享受着荣华富贵,但是却没有生活的乐趣。为此刘邦命令在京城长安附近的秦国故地骊邑(今西安市临潼区,即后来的新丰镇),仿照家乡沛郡丰邑(今江苏省徐州市丰县)的街巷布局,为太公重新筑造新城,并将故乡丰邑的乡亲故友全都搬迁到这里,太上皇这才高兴起来。甚至连鸡犬都能找到各自主人的门户,这就是古语所说的"鸡犬识新丰"。

刘邦将其父亲迁到新丰来居住,还有一个重要原因,也许是因为其父亲爱喝酒。因为骊邑(即新丰)这个地方,自古以来就是产酒的地方,其白醪酒为秦地名酒之一。据史籍记载,那时的新丰邑,酿酒业就十分兴旺,自从皇帝将其父迁至新丰以后,为了满足父亲嗜酒的喜好,于是也将所有做酒的工匠统统迁到这个地方,并且各地有名的酿酒师也云集于此。自然地新丰这个地方以酿酒师竞酿好酒、相互比美而出名了,这也可能是新丰制酒业很快发展起来的根本原因。据传说,刘邦的父亲刘太公最喜欢喝的酒就是白醪酒,因而,新丰白醪酒的生产就特别兴盛。

俗话说得好,产名酒的地方,必有佳泉流淌。新丰美酒从汉代以来就闻名于天下,除了选用关中地区盛产的优质原料外,还和新丰镇水质好密切相关。新丰镇有玉川河故道,河道下面的水是一种优质矿泉水,它源于附近的骊山,骊山枕金(指骊山南倚秦岭)蹬银(指骊山北濒渭河),茂林修竹,苍松翠柏,自古就是游览、休养胜地。从骊山流淌下的水经过沙石岩层过滤净化之后,清澈如镜,并含有微量矿物质,软硬适中,极适于酿酒,这些都是新丰酒得天独厚的自然条件。

近年来,新丰白醪酒厂以新丰鸿门附近的甘泉水,采用优质酒曲,精选陕南盛产的上等江米(又称糯米),用传统的酿造工艺,经蒸坯、发酵、过滤等几道工序,精工酿成白醪酒。新丰白醪酒呈乳白色,具有质优、浓郁、芳香、酸甜可口、营养丰富、柔绵纯净等特点,有开胃、健脾、增进食欲等作用,老少皆宜,是宴请宾客的滋补佳品。唐诗中有"吹笙翻归引,沽酒待新丰"的赞美诗句。

2003 年 3 月至 6 月几个月期间,西安市文物保护考古所在西安市北郊文景路一处工地上,挖掘出了一座西汉文帝到武帝时期的大型积炭长斜坡墓道单室墓,出土了两件迄今已知是西汉时期最高大的铜器——通体镏金的凤鸟青铜钟,内藏美酒。一个铜钟倾倒破裂,酒漏挥发,另一个铜钟内存储有 26 公斤美酒。考古人员开启青铜钟顶盖时发现,封口处严丝合缝,里外都涂有生漆。西汉酒液实物的问世,可以证明新丰美酒不只是传说。

新丰位于骊山北麓、泾渭交汇之南,本为秦代郦邑。西汉初年,"更命郦邑曰新丰"。郦邑与新丰,异名而同地。《史记·高祖本纪》记载:"十年七月,太上

◎ 新丰老照片

皇崩栎阳宫。楚王、梁王皆来送葬。赦栎阳囚。更命郦邑曰新丰。"由此可知,郦邑本是秦朝因袭骊戎国都城,秦始皇在为自己修筑陵墓时,将这里设置为工程建设指挥部所在地。汉王刘邦由汉中出陈仓,"还定三秦",将秦献公、孝公故都栎阳(栎邑)一带,作为镇守关中的大本营。刘邦称帝以后,将父亲迁来这里,也是让太上皇住在栎阳宫,太上皇死后便将其埋葬在秦、汉栎阳(今西安市阎良)以北的红荆原上。太上皇的陵墓至今犹存。可见,先有郦邑,汉太皇去世了,将郦邑的地名改称新丰。

『第五章』

大唐气象氤骊山

一、玄宗重建温泉宫

唐代初期的贞观十八年(公元644年),太宗李世民命令左卫大将军姜行本、将作少匠阎立德在骊山脚下建设御汤场所和行宫。他们在华清池原来的基础上(主要是秦汉时代的建设基础)扩大规模,在骊山边建起了一座座高大的殿宇,称为温泉宫。姜行本和阎立德设计建设的这个温泉(包括行宫),东西长18米多,南北宽5米多,总面积91平方米,这在当时就是一个很大的浴池了,是供皇帝专用的御池。唐代初年,皇帝奉行节俭政策,即使是宫殿建设,也不会浮靡奢华,只是讲究实用而已。

华清宫核心的区域是御汤九龙殿,现在改为莲花汤,这是皇帝和后妃们沐浴的汤池。前面说过,新建成的华清宫分为三个区域,御汤九龙殿的位置在中区,御汤九龙殿的后面是前殿和后殿,这里还建有太子汤、少阳汤、尚食汤、宜春汤等浴池。中区里的前殿、后殿都和北门(津阳门)、南门(昭阳门)在同一个中轴线上,这是皇帝处理政事的地方。太子汤是太子和宫中其他人沐浴的地方。西区的布局是七圣殿、功德院、顺兴影堂、果老药堂以及长汤十六所、芙蓉汤等。

当时的华清宫往南面可直达骊山的峰顶(即今天的烽火台),往东可以到达石瓮寺,往西能够到达现在的铁路疗养院,往北能到今天临潼城区街道的北什子。华清宫总的格局是,宫城南至骊

◎ 唐御汤遗址,华清池御汤遗址是我国目前发现的唯一一组皇家御用汤池。

山脚下,东至东窑村,西至临潼城区游泳池,北至临潼城区北什子。实际上,当年华清宫的面积,能够将今天整个临潼城区的大部分区域包括在内。当时的临潼区叫会昌县。为了感恩骊山这个物华天宝的特殊地域,天宝七年(公元748年),唐玄宗还将骊山封为玄德公。

唐玄宗当政期间,依山而建的这座皇家园林,山上山下,一片辉煌,殿宇相连,亭台楼阁鳞次栉比,白天有茂密成荫的树木掩映成趣,花草池塘相点缀,夜晚有璀璨的灯火相辉映,照彻骊山北麓,既富丽堂皇,又优雅、宏阔。艳压群芳的杨贵妃就像尤物一样,蛊惑着一个本来可以继续把所有精力和心思都用在治理国家、图谋发展、为天下百姓谋福利的曾经创造了旷世辉煌和伟大业绩的有作为、有建树的皇帝,而使他现在把所有的才华、智慧和精力不用在正当的治国为民的事业之上,却倾心于一个让人软化、懈怠、甚至堕落的美丽的女人身上,这不但改变甚至毁灭了一个曾经很有作为的人,一个有志者、有能力者、超出普通人的有智慧者,而且也使一个太平盛世即将倾覆,滑向战争与灾难的深渊,已经发

骊山温泉之莲花汤
(摄于1906-1910年)

生过的历史事实,确切地证明了这一点。想要一个责任重大的人有作为不是难事,想要一个时代平安发展也是不难的事情,但是想要一个关系到成千上万人的幸福或不幸命运的人创造奇迹,这确实是很难的,一个时代要依靠才能超群、敢作敢为、励精图治的单个人而成为千古盛典,这是更为困难的事。如果已经有了这样的局面,让辉煌成就继续保持下去,就需要一种坚忍不拔的毅力支撑下去。但是如果懈怠,想要走下坡路,就会很快颠覆已经取得的成就,在唐玄宗的身上,在他的开元时代和天宝时代,在一生的前半期和后半期,就

是典型的见证。

有了建设辉煌、灿如明珠的华清宫的骊山，与过去的自然的骊山温泉有了显著的差别。唐朝诗人杜牧形容此时的骊山是"长安回望绣成堆，山顶千门次第开"。唐朝的李商隐、张祜、王建等数十位著名诗人及后代文人，无不以华清宫为题材进行深有感触的创作，他们的诗作、文章连篇累牍，一直到今天，人们还吟咏不绝。白居易的《骊宫高》精心地描绘了有了华清宫的骊山四季不同的美丽景色：

> 高高骊山上有宫，朱楼紫殿三四重。
>
> 迟迟兮春日，玉瓮暖兮温泉溢，
>
> 袅袅兮秋风，山蝉鸣兮宫树红。
>
> 翠华不来岁月久，墙有衣兮瓦有松。

从这里我们可以看出朝廷每年花费在游乐、享受方面的费用之巨大。皇帝每次游幸华清宫，路旁百姓都要洒水净街，皇家的车辆、军队、宫廷嫔妃的车轿、京中官员的乘舆以及其他辎重，前后数十里，旌旗蔽日，蔚为壮观，所花费用惊人。这些都成为千千万万人民大众繁重的负担。

骊山温泉从唐高祖时渐渐被重视起来，直到唐玄宗时修建的华清宫达到了极盛景象，热闹非凡，年年被光顾，但也从唐玄宗以后急转直下地衰落了，这和骊山以及华清宫温泉没有任何关系，

◎ 当代 李继雄 御赐温泉铭

自然永远是美好的,也是无邪的,不吉利的事情完全是由人的不良行为导致的。华清宫虽然衰落了,但它作为一个自然区域,作为一个和某种时代有着特殊联系的著名区域,是永远不会被人们所忘记的。

即使骊山不再像昔日那么辉煌繁盛,也不像盛唐时那么璀璨耀眼、光艳照人,但这不是它的过错,更不是自然的过错。对于世世代代生活在骊山脚下的人们来说,大家永远是热爱它的,甚至是膜拜它的,它是我们永远的仰仗,也是我们永远的依赖。自然永远是伟大的,永远是美丽的,永远是光彩迷人的。

二、集灵台上峨眉转

◎ 唐玄宗李隆基像

李隆基是唐朝的第七位皇帝,在他当政之前,其祖母武则天已经执政了 20 多年。武则天死后,唐中宗李显即位,五年后李显被皇后韦氏和女儿安乐公主毒死。景龙四年(公元 710 年),李显的侄子李隆基发动政变,杀死了韦皇后、安乐公主、上官婉儿以及当时的宰相韦温、宗楚客等人,又逼死了姑姑太平公主,拥戴自己的父亲李旦继位,就是睿宗皇帝。李旦认为他的儿子李隆基比他有才能,而且在拥戴他做皇帝的政变中立下了汗马功劳,所以便让位于李隆基,李隆基就是大名鼎鼎的唐玄宗。李隆基确实具有突出的政治才能和胆略,很快显示出帝王的魄力。

李隆基 28 岁当上皇帝,历史上称他为"唐玄宗"或"唐明皇"。唐玄宗即位以后,勤理朝政,励精图治,实行了很多重要的改革措施和兴国之举,大力整饬朝纲,任人唯贤,礼贤贤能之士,重用正直官员,任用能干的姚崇、宋璟为宰相,这两个人素质很高,办事干练,把朝廷内外的事情处理得井井有条,清清楚楚。由于君臣团结一致,为国为民,使唐王朝很快出现了盛世局面,历史上称为

"开元之治"。但是李隆基没有坚持到底,半途而废了。开元二十五年(公元 737 年),李隆基最宠爱的皇妃武惠妃不幸去世,她的亡故使皇帝悲恸不已。尽管唐玄宗后宫佳丽如云,但是唐玄宗一直宠爱的是武惠妃,其他妃子没有一个可以让他动心的。

开元二十八年(公元 742 年),李隆基过 55 岁生日时,他的嫔妃、儿女、大臣们分批来为他贺寿祝福,由于失去了心爱的武惠妃,李隆基总是郁郁寡欢,闷闷不乐。当他的儿子们、女儿们、儿媳妇们一拨接着一拨来为他贺寿、祝福的时候,他还是高兴不起来。但当他无意中看见儿媳妇中有一位貌似天仙的美人出现在眼前时,他忽然眼睛一亮,觉得这个儿媳妇异常漂亮迷人,只见她身材俏丽,面如牡丹,尤其是那双眼睛炯炯有神,仿佛会说话,摄人魂魄。李隆基不禁怦然心动。儿女们的贺寿结束了,他们一个接着一个告辞离去,而刚才那位美人走了几步,却神使鬼差地向皇帝回眸一笑,这一笑使皇帝浑身酥软,神魂颠倒。李隆基问身边的太监高力士,儿子李瑁身边的这位美人是谁?高力士马上告诉皇帝,这位美人名叫杨玉环,是陛下与武惠妃五年前在洛阳为寿王选的妃子,她今年 22 岁了。皇帝从此对这个儿媳妇念念不忘。

为了消除皇帝郁闷的心情,高力士准备找机会把杨玉环招进宫里来,为皇帝消愁解闷。但是高力士想把事情做得巧妙一些,觉得如果直接以皇帝的名义招儿媳妇进宫不合适,这样有失礼仪体统,他们毕竟是公媳关系,弄不好会贻笑天下,惹来非议。于是高力士向皇帝建议,先让杨玉环出家到尼姑庙,过一段时间再从庙里把她招进宫里,这样就不会惹非议了,李隆基同意了。

◎ 宋 佚名 杨贵妃上马图

　　高力士找到杨玉环,说明皇帝的意图,让她出家。但是杨玉环一开始没有一点思想准备,觉得皇帝这样做太不近人情。杨玉环毕竟年龄小,不谙世事。她哭着拒绝了高力士所说的话。但是当高力士向杨贵妃和寿王李瑁再次说明这是他们父皇的旨意时,他们不敢再拒绝了,皇帝毕竟是皇帝,金口玉言,谁敢抗拒?两个年轻人只好无奈地答应了。

　　高力士将这一消息立即告诉了李隆基,李隆基喜出望外。高力士并没有直接安排杨玉环到尼姑庙里去剃度,而是用轿子把杨玉环由羽林军护送着抬到了骊山华清池温泉。因为那里有皇帝的行宫,即华清宫,皇帝在那里急不可待地等着这位旷世美人呢。杨玉环跟一个老头子在一起,毕竟不如和年轻的结发丈夫在一起那么自在,因为他们已经厮守了五年了。但日久生情,杨玉环渐渐发现这位父皇多才多艺,风流倜傥,因为懂得艺术而显得很有情趣。杨玉环也喜欢艺术,并且能歌善舞。于是两个虽然年龄差距较大却情投意合的人,终于消除了距离,有了更多的共同爱好和语言。不久他们就成为无话不谈的知音夫妻了,恩恩爱爱,卿卿我我,如胶似漆。

　　天宝四年(公元 745 年)八月,李隆基册封杨玉环为贵妃。在皇宫,贵妃的地位仅次于皇后,而唐玄宗当时没有立皇后, 贵妃杨玉环的地位实际上就是皇后。李隆基和杨玉环的爱情本来是荒唐之举,杨玉环是李隆基的儿子李瑁的妃子,现在却成了公公的妻子, 乱伦的嫌疑总是掩盖不了的。李隆基觉得自己做了对不起儿子的事,所以心虚,于是又给儿子选了个王妃韦氏,算是一种补偿。

　　唐玄宗自从有了杨贵妃以后,就把武惠妃忘记得一干二净。他对杨玉

◎ 清　康涛　华清出浴图

环恩爱有加,而且贪恋床笫,沉迷酒色,天天深居内宫,"专以声色自娱",再也懒得上朝了。李林甫是个奸相,凡是朝廷的大小事情,全由这个狼子野心的奸臣随意处理。已经取得盛世美名的唐王朝,很快就要毁于奸臣之手了。盛世唐朝从此急转直下,灾难正在一步步向李家王朝逼近。

贵妃杨玉环,弘农华阴(今陕西省华阴市)人,后来因故迁徙到蒲州(今山西省永济县)永乐独头村。她的高祖叫杨会本,曾做过金州(今陕西省安康市一带)刺史,父亲杨玄琰曾为蜀州司户。杨玉环于开元五年(718年)生于蜀地,其父早逝,她由叔父河南府士曹杨玄珪抚养成人。开元二十二年(734年),杨玉环十六岁,已经出落成为身材丰满,姿色艳丽,又善音律,会歌舞,才貌双全的妙龄女子。这年她被选为唐玄宗第十八个儿子寿王李瑁的妃子。开元二十五年(737年),唐玄宗让杨玉环离开寿王府,做了女道士,住在太真宫,号太真。开元二十八年(740年),杨玉环就成了唐玄宗宫中的宠妃。不久唐玄宗册封杨玉环为贵妃,地位相当于皇后。唐玄宗李隆基欢天喜地地说:"朕得贵妃,如得至宝也。"他亲自作了一个曲子叫《得宝子》,以庆祝获得了杨玉环这个宝贝。

因为杨玉环的受宠,她家的兄弟、姐妹、亲戚们也都跟着沾光了,她的叔父杨玄珪、兄长杨铦、杨钊(赐名杨国忠)等人分别被赐封为鸿胪卿、侍御史、右丞相等不同级别的高官;杨玉环的三个姐姐也分别被封为韩国夫人、虢国夫人和秦国夫人。

李隆基对杨玉环的爱恋,首先迷恋其美色,同时也爱着她的才艺。杨玉环乖巧、可人,也善解风情,这使李隆基更增加了对她的爱怜之情。有一年中秋八月,这是一个不热不冷的好时节,在长安的太液池,有一种鲜花千叶莲,正开放着洁白的花瓣,在清澈的莲池中,清水衬托着墨绿的叶子,白莲花朵朵相连,竞相绽放,争奇斗艳,形成了一幅天然的景致。李隆基与大臣们前来赏花,大家对眼前这样的美景赞不绝口。李隆基却指着杨玉环说:"这个美景,怎么能胜过我的解语花呢?"他把杨玉环比作像仙子一般的解语花,而且把她视为一株能知心知意的比鲜花更加美丽的人。以后"解语花"便成了陷入爱情漩涡中的男子们对自己心仪的女人最惬意的称谓。在唐玄宗的御花园,还有一种千叶桃花,每当到了繁花似锦的春天,当百花千卉纷纷绽放之后,那迷人的千叶桃花,则于粉白之中透着娇艳的鲜红颜色,让皇帝爱恋不已。有一次赏花时,他折下一枝盛情绽放的鲜花,插在杨贵妃的帽子上,情不自禁地对心爱的人说:"这个花你戴上,更能显示出你娇美的姿态和容颜来。"他把这种花深情地叫做"忘恨花"。杨玉环喜欢击磬,敲出的声音清丽嘹亮。唐玄宗便让石工们开采骊山之中的蓝田玉,专为杨贵妃做磬,并用金银珠宝作为装饰,供心爱的人娱乐。

在兴庆宫里,种植着大片名贵的牡丹花,这些花每年到春夏之际就开出漂亮的红色、紫色、白色以及红白相间的各色花朵,极其迷人。唐玄宗让花工们把各色美丽的牡丹花移栽到兴庆池东边的沉香亭前面。当牡丹盛开时节,唐玄宗便和杨贵妃一起来赏花。这时宫里的乐师李龟年便率领众乐师们前来唱歌、跳舞,为皇帝和宠妃助兴。唐玄宗说:"观赏名花异卉,对贵妃怎么能用旧的词曲呢?"于是,唐玄宗便命令太监高力士把大名鼎鼎的翰林学士李白请来,让他作新词助兴。面对杨玉环绝世的美艳,再配以眼前成片开放的奇艳鲜花,李白创作出了著名的《清平乐词》三首:

云想衣裳花想容,春风拂槛露华浓。

若非群玉山头见,会向瑶台月下逢。

一枝红艳露凝香,云雨巫山枉断肠。

借问汉宫谁得似? 可怜飞燕倚新妆。

名花倾国两相欢,常得君王带笑看。

解释春风无限恨,沉香亭北倚栏干。

李隆基多才多艺,精通音律,擅长歌舞和创作。为了歌舞升平,并使杨玉环的歌舞才华得到最大限度的施展和表现,他专门创作了《霓裳羽衣曲》,让杨玉环主演。关于霓裳羽衣舞的演出盛况,唐代大诗人白居易专门写了一首《霓裳羽衣舞歌》的诗作,诗是这样写的:

◎ 明 仇英 贵妃晓妆图

　　千歌万舞不可数,

　　就中最爱霓裳舞。

　　舞时寒食春风天,

　　玉钩栏下香案前。

　　案前舞者颜如玉,

　　不著人间俗衣服。

　　虹裳霞帔步摇冠,

　　钿璎累累佩珊珊。……

白居易这首《霓裳羽衣舞歌》生动传神地描述了这种舞蹈的服饰、乐器伴奏和具体表演的细节。诗人不止一次参加过皇宫内宴,也观赏过不知多少歌舞节目,而让他印象最深、最为喜爱的就是著名的《霓裳羽衣舞》。

李隆基和杨玉环经常在一起,温情脉脉,互诉衷肠。李隆基曾指着合欢树对杨玉环说:"我与你固同一体,所以是真正的合欢。"杨玉环对李隆基的话语有深深的同感。在某一年的七月初七,他们在骊山华清宫的长生殿上,望着天空中的璀璨耀眼的织女星和牛郎星,触景生情,对天发誓:"愿世世代代为夫妻,永不相弃。"但是,安史之乱把他们"世世代代为夫妻"的美梦破灭了。

安史之乱的发动者安禄山于天宝元年(公元742年),被唐玄宗任命为平卢节度使,管辖河北和河北以北区域,其治所在营州(今辽宁省朝阳县)。他为了博得盛唐皇帝的青睐和器重,一直装得憨中带傻,老实可怜,然而内心里却包藏着觊觎和篡夺大唐王朝江山社稷的巨大祸心。暮年的唐玄宗早已昏庸无能,朝廷奸臣当道,贤能的好人被排挤,安禄山认为反叛的机会来了。

安禄山一方面假惺惺地奉承玄宗皇帝,另一方面却在背地里加紧备战练兵。天宝十四年(公元755年),安禄山终于以讨伐奸相杨国忠为名,发动了针对整个大唐王朝的叛乱,这就是历史上著名的"安史之乱"。安禄山突然发难,使大唐王朝措手不及,朝廷上下混乱不堪。这时唐玄宗和杨贵妃还正在骊山享受天伦之乐呢。唐玄宗如从大梦中惊醒,急忙返回长安京城,任命封常清为平卢、范阳节度使,取代了安禄山的职务。封常清临危受命,立即招募兵马,组建军队,准备迎敌以战。唐玄宗又派大将军郭子仪在潼关一带把守,再任命高仙芝为副元帅,作为洛阳封常清大军的坚强后盾。

安禄山带领十五万精兵强将,长驱直入,势如破竹,从燕山一带乘胜而来,而多年以来享受着优厚待遇,从未接触过战争磨难的唐朝官兵,几乎是一路溃败,毫无抵抗之力。封常清招募的六万人马,在洛阳一带与叛匪军队正式交锋,却不堪一击,节节败退,一直退避到陕州,和高仙芝会合在一起。他们经过商议之后,决定退出陕州,固守潼关,保卫京城,誓死与叛军在这里决战。

奸相杨国忠,听说哥舒翰手下大将曾建议主帅回师长安,杀死杨家兄弟姐妹,以免除安禄山进兵讨伐杨氏家族以清除君侧的借口。此时此刻,哥舒翰防守潼关有功,威望甚高,杨国忠更加害怕遭到不测,于是先下手为强,建议唐玄宗将哥舒翰大军调离潼关,前去对付敌将崔乾祐。

哥舒翰被迫率领大军离开潼关战场,而敌军崔乾祐早已有了准备,两军一交战,哥舒翰的大军战败,他只得带领剩余的八千兵马退回潼关。第二天安禄山叛军乘机攻打潼关要辖,潼关守军因与敌人相比实力弱小,从而失守,哥舒翰被叛军所俘。潼关失守,长安告急。唐玄宗于惊慌失措中带领身边亲近的嫔妃以及一些重臣,匆匆忙忙逃离京城长安,向着咸阳兴平一线逃亡。

安禄山想一鼓作气打败整个唐朝军队,然后做个真正的皇帝,但是除了叛军乱贼以外,没有任何社会力量支持他。唐玄宗被迫退位,太子李亨继位,就是后来的唐肃宗。李亨率领并指挥大唐军队顽强反抗叛乱军队,使战争处于相互对峙阶段。

安禄山的儿子安庆绪,是个有为的青年,他英勇骁战,屡建战功,本应立为太子,但安禄山却想立新夫人段氏所生的一岁儿子安庆恩为太子,为此,安庆绪和御史大夫严庄联合安禄山的太监李猪儿杀死了安禄山。安庆绪率领叛军与郭子仪的军队进行战斗,但遭到惨败,不得不离开洛阳往北方撤退。这时范阳已被史思明的军队所占领,安庆绪只好攻占邺县(今河南安阳以北)。史思明攻打邺县,杀了安庆绪,自己在范阳宣布继位大燕皇帝,改元顺天。

唐肃宗上元二年(公元761年),由于史思明偏爱小儿子史朝清,惹急了长子史朝义,史朝义以突然袭击的方式射死了史思明,又派人杀死他的小弟史朝清,于是史思明的阵营也群龙无首,陷入混乱不堪的境地。唐代宗广德元年(公元762年),史朝义因失败而自杀,历时八年的安史之乱才算彻底结束。安史之乱完全是由于李隆基宠幸杨玉环、不理朝政、任用奸佞之臣引起的,这个灾祸使他尝到了放任政权、沉溺酒色的苦果。

镇守潼关的唐军失败后,安禄山的叛军直逼长安。杨国忠建议唐玄宗出奔成都。唐玄宗出于无奈,在两千五百名龙武军护卫之下,带着杨贵妃姐妹、皇子、公主等人逃出长安,向西南行进。当行进到了马嵬驿(今陕西省兴平市以西),夜晚,皇帝在驿馆内歇息,将士们只能露宿在野外,大家更加怨恨杨国忠,有人看见杨国忠和吐蕃使者说话,便故意大喊:"杨国忠要谋反啦!"一个人喊了一声,众人一起跟着喊,大家群情激昂,于是有人持刀追上杨国忠,一刀砍下了他的头,随后又杀死了他的儿子以及韩国夫人、秦国夫人。虢国夫人逃到了陈仓,也被当地官吏所杀。

听到乱糟糟的喊声,唐玄宗走出驿馆询问发生了什么事情,大将陈玄礼说:"杨国忠谋反,已经被斩首。"事情到了这样的节骨眼上,皇帝已经控制不了局面了。唐玄宗虽然向大家解释,杀死杨国忠无罪,但随从皇帝的军士们还是围住马嵬驿不肯散去。唐玄宗问大家为什么还不肯离开,陈玄礼继续说:"贵妃也不宜侍奉皇上,请陛下割爱。"唐玄宗哪里肯依,并说,贵妃身处后宫,有什么罪过?高力士说:"杨国忠有罪,诸将诛杀。贵妃虽然无罪,但她作为杨国忠的妹妹,还在陛下左右,将士们怎么能不感到威胁呢?只有让将士们安下心来,陛下也才能保证平安。"过去曾经呼风唤雨的皇帝,现在却连自己心爱的人儿也保护不了,只能犹豫再三,才答应将杨贵妃赐死。杨贵妃得知要被处死的消息后,泪如雨下,她被高力士等人用白绫勒死在佛堂前的梨树下,后被葬在马嵬驿,这一年杨贵妃只有 38 岁。对于李隆基和杨玉环爱情的不幸遭遇,白居易在《长恨歌》中很有感慨地写道:

渔阳鼙鼓动地来,惊破《霓裳羽衣曲》。

九重城阙烟尘生,千乘万骑西南行。

翠华摇摇行复止,西出都门百余里。

六军不发无奈何,宛转蛾眉马前死。

花钿委地无人收,翠翘金雀玉搔头。

君王掩面救不得,回看血泪相和流。

……

天长地久有时尽,此恨绵绵无绝期。

唐肃宗广德元年(公元 763 年)九月,长安得以收复。十一月,唐玄宗才从成都返回京城。这时距杨贵妃被勒死于马嵬驿,已经快十年了。唐玄宗心中一直万分悲恸,当他经过斜谷口时,正值阴雨连绵季节,凄楚的雨声和令人断肠的铃声交织在一起,触动了玄宗的再度伤感,他怀着对故人无限的思念之情,含泪写下了《雨霖铃曲》。返回长安以后,唐玄宗想为杨贵妃改葬,却被群臣劝阻了。

唐玄宗作为太上皇,居住在冷清的兴庆宫中。这里的一草一木都让他记忆犹新,他过去和杨贵妃在这里赏花、游玩的情景仍

◎ 当代 戴敦邦《长恨歌》画卷(局部)

然历历在目,永远难以忘怀。死去长已矣,生者犹自哀。

对于李隆基和杨玉环的曲折遭遇,白居易在《长恨歌》中有全面而生动的描述,这篇脍炙人口的名篇,成为我们怀念这两位因爱情而流传千古的知音的最好寄托。在这首长篇叙事诗里,作者以精练的语言,优美的形象,叙事和抒情结合的手法,再现了李、杨的爱情悲剧,他们的爱情被自己酿成的叛乱断送了,而这一精神苦果只能由他们自己来吞食和嚼尝。

三、宫廷乐舞今犹在

从唐代初年起,一直到安史之乱发生,在这一百多年间,唐朝国力极为强盛,经济发展空前高涨,文学艺术繁荣辉煌。在这个时期,中华民族创造了大量可贵的物质和精神财富。在统治者中,一些帝王出于对乐舞艺术的酷爱,把乐舞艺术作为歌功颂德和欣赏作乐的重要形式,所以大力提倡和发展歌舞艺术事业,于是宫廷就专门设置了乐舞机构——太常寺、教坊、梨园等,而且同时集中了大批有突出表演造诣的歌舞人才以及艺术修养很高的表演艺

◎ 唐乐舞群俑

术家，他们在这里尽情地展示他们的歌舞和戏剧艺术才华。

在唐代，舞蹈艺术十分发达，而且出现了很多优秀的舞蹈艺术表演家，他们中间大多数都是民间艺人和处于奴隶地位的宫伎、官伎、营伎、家伎等，它们都是为生活所迫，才从事这个被封建社会人们所看不起的营生。而在统治者阶层中，也有不少颇负盛名的善舞的优秀人才，他们中间有皇宫贵戚、高官要员、宠妃、公主等，这些人都是因为酷爱艺术事业，才将此作为消遣或展示个人才华的方式。唐代舞蹈的普遍发展和高超成就，主要是大批专业艺术演艺人才艰辛劳动的结果。比如杨玉环、张云容、公孙大娘等，都是唐玄宗时期著名的舞蹈艺术表演家。

◎ 唐 舞乐图屏，1972年出土于新疆吐鲁番阿斯塔那张礼臣墓

唐代把从事歌舞表演的人员都称为"伎"，"伎"包含有技艺展示的意思。"伎人"则指的是音乐、舞蹈、杂技等演员。伎人有男有女，比如唐朝初年，著名的舞人安叱奴就是男的，而朝廷中的宫伎，绝大多数都是女性，贵族高官家中的家伎、军营中的营伎，也基本是女性。

唐玄宗时期是唐朝歌舞艺术发展最为高潮的时期，因为皇帝本人就是多才多艺的音乐作曲家、指导者和导演，他创作的大型歌舞作品《霓裳羽衣曲》在唐代上演并流传多年，在宋代以后失传。大型歌舞常常在骊山的梨园表演。开元、天宝年间(公元 712—756 年),颇负盛名的音乐表演家、舞蹈表演家有李龟年、李彭年、李鹤年三兄弟,他们都在梨园供职,常年为朝廷演出。李龟年善于击羯鼓,任宫廷乐师;李彭年善于舞蹈,经常参加宫廷歌舞表演;李鹤年擅长作歌词,他所创作的《渭州》在当时非常有名。

开元、天宝年间,由于歌舞艺术得到皇帝的酷爱和极大的重视,所以演出相当频繁,几乎发展到古代最鼎盛的阶段。宫廷乐舞机构最为庞大,宫中舞人最多,技艺最高,知名者也最多。比如善于跳《凌波舞》的谢阿蛮,善于跳《柘枝》的那胡,梨园中的著名舞人蛮儿,经常在唐玄宗面前跳《凉州》的悖拿儿,善于跳《踏谣娘》的张四娘,还有教坊艺人颜大娘等。此外,梨园弟子潘大同以及他的女儿都善歌善舞,潘大同的女儿和斗鸡儿贾昌结婚,夫妻俩很得唐玄宗和杨贵妃的宠信。而以跳《霓裳羽衣舞》出名的大腕则是杨玉环和张云容,在社会上影响更大的是公孙娘。

宫廷每一次演出《霓裳羽衣舞》时,首先都是杨玉环领舞,杨玉环可以说是《霓裳羽衣舞》的首席演员。除她以外,跳《霓裳羽衣舞》最好的还有一个叫张云容(她是和杨贵妃同时的一个宫女)的舞蹈演员,她因表演《霓裳羽衣舞》甚为精美,杨贵妃还专门为她写了一首赞赏的诗《赠张云容》:

◎ 唐 乐伎图

罗裙动香香不已,

红蕖袅袅秋烟里。

轻云岭上乍摇风,

嫩柳池边初拂水。

诗中形容张云容舞姿轻柔娇美,酷似荷花亭亭独立于艳秋季节,宛如轻云袅袅飘摇,更似嫩柳梢拂于明净的池水之上。张云容本是杨贵妃的侍儿，这个年轻漂亮的女子却被道士申天师毒死，申天师诱使她吞下毒药时谎称，她死后会成"地仙"。

公孙大娘可称得上是唐代最杰出的舞蹈家，她改编并表演的《剑器舞》震撼过许多人的心灵，其中包括不少著名的文学艺术家，杜甫就是其中的一个，他还为公孙大娘写了著名的诗篇《观公孙大娘弟子舞剑器行》。公孙大娘本是一位极负盛名的民间舞蹈家，她博采众长，丰富和提高了自己的艺术技能。当她从长安出发到各地去巡回献艺时，人们都会慕名而来观赏她的表演，现场的景象常常是观者如山，水泄不通。她的芳名传扬四方，唐玄宗闻听她的美名后，特别将她邀请到宫中进行表演，所以，每当宫中大酺（音 pú，聚会宴饮）之日，都要安排她在清真楼前举行盛大表演仪式，这时唐玄宗和群臣们以及少数民族首领、外国使节都到现场来观看。公孙大娘雄健壮观的舞剑表演最引人瞩目，不但技艺极其高超，而且动作难度也异常大，以致集中了大批优秀出色的舞人的宜春院、梨园、教坊和常在皇帝面前表演的"内人"中，竟没有一个人能超过公孙大娘表演的《剑器舞》。杜甫也震撼于她的超群表演艺术技能，其《观公孙大娘弟子舞剑器行》留下了她的美名，以精彩的语言艺术再现了她那出类拔萃、感人肺腑、动人心弦的舞蹈艺术，使她永世流传：

> 昔有佳人公孙氏，一舞剑器动四方。
>
> 观者如山色沮丧，天地为之久低昂。
>
> 㸌如羿射九日落，矫如群帝骖龙翔。
>
> 来如雷霆收震怒，罢如江海凝清光。
>
> ……
>
> 先帝侍女八千人，公孙剑器初第一。
>
> 五十年间似反掌，风尘澒洞昏王室。

天宝年间（公元 742—756 年），为了满足唐玄宗声色享乐的浮靡生活，朝廷派遣"花鸟使"到民间四处搜罗美艳女子入宫，而当时皇帝专宠杨玉环一人,为了防止别的宫女接近皇帝,就将这些新选来的年轻美丽女子偷偷安置在上阳冷宫,那些可怜的芳龄女子只得一辈子过着孤寂落寞的幽禁生活。白居易的《上阳白发人》一诗以讽喻的笔触,揭露了最高封建统治者摧残无辜女性的罪恶。元稹的《行宫》:

寥落古行宫,宫花寂寞红。白头宫女在,闲坐说玄宗。

这首诗就是这些宫女真实情景的生动再现。她们不甘寂寞,又看破红尘,有些最后出家当了女道士。在玉贞公主修建的安国观里,绝大多数都是能歌善舞的上阳宫人。

唐玄宗突出的才能表现在乐舞方面,他开创了梨园,发展音乐戏剧事业。他不但要叫人唱歌跳舞,而且居然想着要教马来跳舞,还要马配合着音乐节拍来跳舞,这是一个了不起的创举。他让人挑选了上百匹好马,把北方胡人向朝廷进贡的好马也挑选出来进行训练。经过训练的马,还真的能够根据音乐的节奏来跳舞。这些马富有灵性,随着音乐节拍的变化或起立,或转身,或用一只蹄子着地,或者双蹄腾空,都与音乐节拍相契合。这样的马被称为舞马。当舞马表演的时候,舞马人要给舞马穿上绣花的绸缎衣服,围着金银缨络剪修好马的鬃毛,并在鬃毛中间结缀上珠宝装饰,把马打扮得非常豪华艳丽,这样舞起来更是华丽无比。

唐代舞马以开元、天宝年间最为盛行。唐玄宗曾将上百匹马聚集起来,分成左右两队,亲自教练这些品种优秀的马跳舞,这在唐代技艺中被传为佳话。在唐玄宗生日的千秋节,或者朝廷举行盛大宴会时,唐玄宗都要叫宫廷负责舞马的官员安排舞马,进行助兴。唐玄宗曾在勤政楼上设置酺会,“内闲厩引蹀(音dié,舞蹈,顿足。指舞马)马三十匹,为‘倾杯乐曲’,奋首鼓尾,纵横应节。又施三层板床,乘马而

◎ 唐 舞马衔杯仿皮囊式银壶

上,抃(音 biàn,鼓掌,欢庆)转而飞。"(《旧唐书·音乐志一》)唐朝诗人郑嵎在《津阳门诗并序》中写道:"又设连榻,令马舞其上,马衣纨绮而被铃铎,骧首奋鬣,举趾翘尾,变态动容,皆中音律。"这两段文字具体描绘了舞马的惊险过程、马和音乐的默契配合以及观众鼓掌欢呼的热烈场面。

舞马跳的曲子叫《倾中乐》。舞台是由有力气的男子们举着大木板搭起来的床,或者架起三重木板组成的木床。奏乐的人是美貌年少的青年乐人,他们身穿黄衫,腰束玉带,围立在木床的前后左右。舞马开始后,跳舞的马跳上木床后,吹奏音乐的人开始吹奏乐曲,而跳舞的马则随着音乐节奏的高低、疾缓、强弱而起舞,或旋转如飞,或昂头摇尾,或腾跃翘蹄,顺着音乐的节拍舞动不已。唐代诗人对舞马的场面感慨不已,所以写下很多诗篇。张朔的《舞马千秋万岁乐府词》把舞马的精彩表演和惊险场景描绘得栩栩如生、淋漓尽致:

腕足齐行拜两膝,繁骄不进蹈千蹄。

髦鬃奋鬣时蹲踏,鼓怒骧身忽上跻。

更有衔杯终宴曲,垂头掉尾醉如泥。

舞马训练有素,一听见金鼓之乐响起,就会翩翩起舞。

舞马是一项特殊的乐舞活动,这和今日杂技中的驯兽相类似。因为这项娱乐活动的特殊,所以在唐代的金银器皿上,以舞马为装饰的图案很多。西安何家村出土的一鎏金壶很有名,其腰部就画着一个舞马的图案,舞马用口衔着环银壶酒杯翩翩起舞,活灵活现,形象逼真。这匹舞马表现的是唐代著名的舞马节目《衔杯上寿》。唐代舞马衔环图案也很有名。流传下来的一个银质壶,壶的腹部绘有一匹舞马,这是一幅浮雕镀金图案,丰满自然。还有一个陶瓷舞马器皿,舞马右前蹄高举,马头上扬,正在按节拍进行舞动,姿态栩栩如生,令人产生无限想象。这些文物都生动传神地表现了唐代舞马技艺的盛况,记录了唐代舞马的特殊娱乐历史。

唐代长安,胡汉杂居。外国人在长安居住、求学、做生意的很多。这是中外文化交流的最盛时期。西域的胡乐、胡舞也传入长安,音乐以龟兹乐在长安最为盛行。唐玄宗就善击羯鼓,也会演奏胡琴,宁王会吹玉笛,而且吹得很动听,舞蹈有胡腾舞、胡旋舞、柘枝舞等。

唐代的音乐舞蹈上承周汉传统,进取魏晋南北朝各族乐舞大交流、大融合的最新成果,广采国内各民族、各区域的传统乐舞之营养,博收世界各国(主要是西域民族及周边邻国乐舞文化)的精华,在此深厚广博的基础上,以兼收并蓄、大胆创新,编创了绚丽多姿、光彩夺目的大唐乐舞作品,形成了特殊的大唐乐舞文化,它观照四域,辉映千秋,对中国后世、对世界文化,都产生了巨大而且深远的影响。

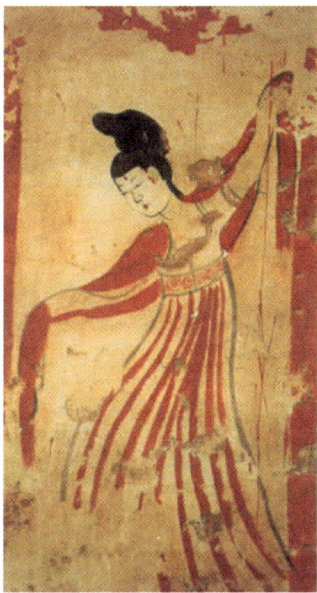

© 唐 红衣舞女图(壁画)

唐玄宗在位时,最为流行的西域舞蹈是胡腾舞,胡腾舞的舞姿刚劲有力,正如刘言史诗中写的那样:"石国胡儿人见少,蹲舞樽前急如鸟。"这些舞蹈都以速度快捷、动作多变为特点,刚健雄武,连胡旋舞都充满力量感。安禄山是康国人,他也善跳胡旋舞。他虽然体肥腹大,但是在唐玄宗和杨贵妃面前跳起胡旋舞来却迅捷如风,博得了唐玄宗和杨贵妃的喜悦。唐玄宗常去骊山华清宫,胡乐胡舞自然是华清宫中乐舞表演中非常重要的节目。风俗浸淫,相互影响,骊山脚下喜欢舞蹈的女子也学会了胡乐胡舞。比如骊山以北十里的地方有一个叫谢阿蛮的女子,能歌善舞。有一次她在清元小殿跳舞,唐玄宗为她击羯鼓,宁王李成器为她吹玉笛,杨贵妃为她弹琵琶,张野狐则为她弹筚篥,胡乐伴胡舞,热烈非凡。谢阿蛮后来成了一名著名的舞蹈家,被唐玄宗由华清宫带到了长安兴庆宫长期表演。唐肃宗至德二年(757年),唐玄宗又来到华清宫,让谢阿蛮跳舞,谢阿蛮跳完舞后,她将原来杨贵妃赐给她的一只臂环送给唐玄宗,并说:"这是贵妃过去送给我的。"唐玄宗睹物思人,心中不免难过。

唐代是中国历史上歌舞艺术最发达的时期,从宫廷贵族之家到民间百姓村落,从中原繁华都市到边陲古国,甚至在战争间歇的营帐里,从唐太宗《秦王破阵》跳动乐舞的急促强烈,到唐玄宗《霓裳羽衣》徐歌曼舞的轻盈,从胡人的铿锵有力的《胡腾》《胡旋》等健舞,到四方乡野民间自娱自乐性的《踏歌》,无不是当时社会兴盛景象的艺术写照。"这些音乐歌舞不再是礼仪性的典重主调,而是人世间的欢快心音"的畅抒。

盛唐时期的《立部伎》《坐部伎》等乐舞,是以中原乐舞为基础,大量吸收周边少数民族和域外乐舞成果创制出来的新型乐舞。以《立部伎》中的《太平乐》为例,我们可以看一下其规模:表演时有五个狮子造型参与表演,每个"狮子"约有两个人跟随表演,每个"狮子"还有"狮子郎"十二人,可见阵容之壮大。演员和道具的装饰是以相似于真狮子的毛料为狮皮,人藏于其中,服色为五色,狮子郎头戴红抹额,穿着画衣,手执红拂子,牵着连狮子绳子,塑造出"昆仑之象"。《破阵乐》有很多种表演形式,规模最大时,有一百二十多男子舞,还有几百人场面的女子舞。《破阵乐》从初唐一直流传到晚唐,持续了三百多年而久演不衰。

唐代的乐舞总体上分为两大类,一类是"软舞",一类是"健舞"。"软舞"轻盈、柔曼,节奏比较舒缓;"健舞"英武雄健,节奏浏漓顿挫。唐诗中对这些舞蹈有绘声绘色的描述。比如公孙娘及其弟子所表演的剑器舞就属于"健舞"。唐人郑嵎称"公孙剑伎皆神奇","公孙大娘舞剑,当时号为雄妙"。

　　从西域石国(现在的乌兹别克斯坦的塔什干一带)传来的《胡腾舞》是最典型的"健舞"。表演者多是"肌肤如雪鼻如锥"的胡人。《胡腾舞》以跳跃和急速多变的腾踏舞步为主要动作,由于跳转的动作幅度大、节奏快,腰间佩带的装饰品随之发出响亮的伴奏声,随着急促的音乐节奏,腾踏复杂多变的舞步,反手叉腰,仰身下腰,这些动作相继连缀,最后的造型形如弯月。

　　唐朝的《绿腰》和《春莺啭》是影响最大的"软舞"作品。软舞《绿腰》是一个女子的独舞,舞者穿着有修长衣襟的长袖舞衣,舞姿轻盈柔美。舞初起,舞姿妙曼徐缓而富于变化,动作流畅,绵延不断。女子双袖飞舞,如雪萦风;她低回而舞,如莲花破浪。进而节奏加快,有如空中飞舞的瑞雪,随之衣襟也飘舞起来,好像要乘风飞去追逐那惊飞的鸿鸟。诗人用翠鸟、游龙、垂莲、凌雪等景物形容舞蹈者舞姿之变幻无穷、节奏之平缓有致,突出了舞腰和舞袖的特点,舞蹈和舞者轻盈之极、娟秀之极、典雅之极。诗与舞交相辉映,堪称艺术的合璧。

四、黄巢英名树骊山

唐朝末年,在僖、昭两帝之后,唐王朝彻底到了穷途末路,以至于最终爆发了大规模的农民起义。

公元 860 年唐懿宗李漼即位,这是个只知享乐,没有任何政治抱负和能力的人。唐懿宗迷恋于声色,经常在曲江、昆明池、兴庆宫、北苑(大明宫北)、昭应(骊山华清宫)一带游览玩乐,每次出游时后面总是跟随着万人以上的随从人员,多的时候超过十万以上。唐懿宗咸通十年(公元 869 年),陕州(今河南省陕县)遭遇多年不遇的大旱,老百姓向朝廷派来的观察使崔荛反映严重的旱情,崔荛不仅不安抚受苦受难的百姓,反而指着院子里的树说:"这树还有叶子,哪里有什么旱情?"这个可恶的官员命令手下的人殴打前来反映实情的人,使当地老百姓大为震怒。老百姓们自发地团结起来,赶走了这个观察使。早在咸通九年(公元 868年),广西桂林庞勋领导的戍卒农民起义终于爆发了。庞勋领导的起义队伍由开始的几千人迅速增加到十万多人。此后浙西也发生了王郢领导的农民起义。当时山东曹州(今山东省曹县)流传着两句民谣:"金色蛤蟆睁怒眼,翻却曹州天下反。"民谣形象地表达了苦难不堪的劳动人民已经被饿得眼珠子都瞪起来了,难道还能不揭竿而起吗?

山东濮州的私盐贩子王仙芝自称"天补平均大将军",他聚集起几千人,也宣布起义。山东冤句(今山东省菏泽市一带)人黄巢也聚集数千人响应王仙芝,加入到人民起义的滚滚洪流之中。唐僖宗乾符五年(公元 878 年),王仙芝在与唐王朝派来的镇压起义军的战斗中不幸战死于黄梅(今湖北省黄梅县)。黄巢前赴后继,他以"冲天大将军"自称,举起继任起义军首领的大旗,团结民众,改元"王霸",建立了领导机构——军政府,把反抗的矛头继续指向昏庸腐败的唐王朝。

黄巢早年读书识文,曾赴长安应考,虽然考中了,但却因长相奇特而落榜。黄巢对黑暗腐败的唐末政权深恶痛绝,他以诗言志,写下了《不第后赋菊》诗和《题菊花》诗,这两首诗慷慨激昂,表达了一个具有远大志向的青年人的超凡的精神面貌。《不第后赋菊》写道:

待到秋来九月八,我花开后百花杀。

冲天香阵透长安,满城尽带黄金甲。

《题菊花》写道:

飒飒西风满院栽,蕊寒香冷蝶难来。

他年我若为青帝,报与桃花一处开。

这两首诗豪情万丈,体现了一位农民英雄的凌云壮志。

唐僖宗广明元年(公元880年)十二月初五,黄巢率领的起义大军由潼关经骊山进入唐朝都城长安,对唐王朝形成摧枯拉朽之势,官兵们闻风丧胆,而长安民众却夹道欢迎黄巢大军。十二月十

◎ 黄巢起义之地
——仙霞关

二日,黄巢在大明宫含元殿即皇帝位,国号大齐,农民政权在长安建立。惊慌失措的唐僖宗李儇陷入穷途末路,他先从长安逃到汉中,接着又逃到成都,随后组织力量进行反攻。公元881年4月5日,唐僖宗联合突厥首领李克用率领的沙陀军和鞑靼军进逼长安。黄巢被迫率领起义军撤出长安城。唐军和少数民族军队进入长安后,烧杀抢掠,城内大乱。几天之后,黄巢率领起义军再次攻入长安城。公元882年正月,唐军包围了长安城,黄巢的大将朱温投降唐王朝,削弱了起义军的力量。这一年4月8日,李克用率领的沙陀军和鞑靼军等进入长安, 把长安劫掠一空。公元884年6月15日,黄巢率领剩余的起义军退至狼虎谷(在今泰山东南莱芜界),两天以后,黄巢自刎于此地,起义军最后失败了。

黄巢农民起义虽然失败了, 但是却给予唐王朝以沉重的打击,使其一蹶不振。此后不久,其政权摇摇欲坠,在十多年以后,唐王朝政权彻底垮台。公元907年,中国北方出现了梁、唐、晋、汉、周五个小朝廷轮番执政;南方则出现了十个小国家,吴、南唐、吴越、楚、南汉、前蜀、后蜀、荆南、北汉的各自为政。这段历史被称为五代十国。

黄巢在战场上曾经叱咤风云,扫荡腐浊,战败后落寞却不消沉。所以他写出了《自题像》诗,以表达曾经经历过的辉煌和取得的业绩,又抒发失败后洒脱的心境和作为,他是一个有血有肉的英雄,不是一个冷冰冰的木偶。他的《自画像》诗写道:

记得当年草上飞,铁衣著尽著僧衣。

天津桥上无人识,独倚栏干看落晖。

黄巢进入关中期间,特别是在长安和骊山留下了很多值得我们怀念的东西。他带领起义军攻入长安,虽然停留的时间很短,但是他的壮举却留下了较为浓重的痕迹。

在骊山西南的山区中,有一个地方叫黄巢堡,面积大约有将近七平方公里,海拔一千多米,据说这是黄巢当年屯兵的地方。

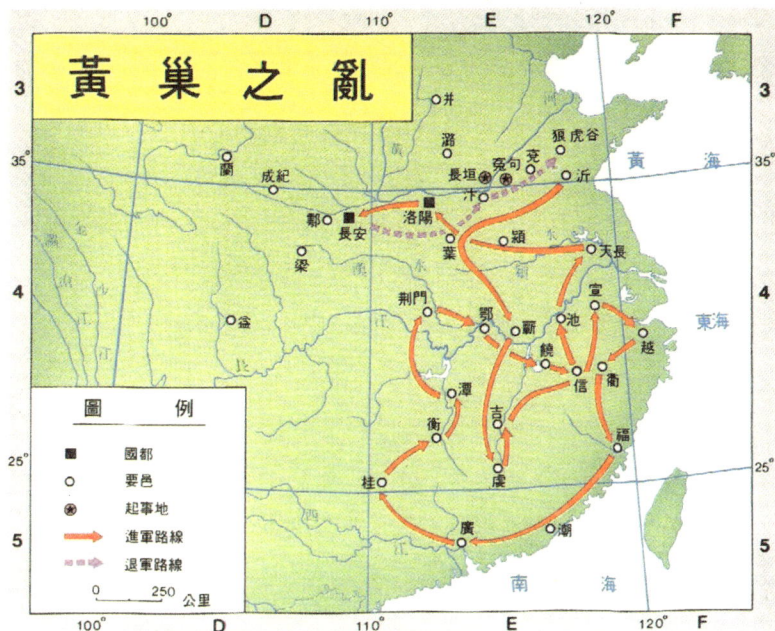

◎ 黄巢起义路线图

这里有点将台、练兵场、饮马洞、鹿角寨以及山头的黄巢像等遗迹。这里是一个比较隐蔽的地方,山岩参差,沟壑纵横,山水掩映,林木葱莽,鲜花飘香,青草吐翠,不远处湖塘如镜,照着青山的倒影,农田如畦,可以自给自足。村庄错落,人烟氤氲。由于远离尘器污染,所以空气清新,风光旖旎,仿佛世外桃源一般,让人留恋而眷恋。

人们追念黄巢,还流传着正月十五挂红灯的传说。当年黄巢带领起义军攻打浑城,围城三天都攻不下来,这时已经快过年了,又下了一场大雪,天气寒冷,士兵们还没有换上棉衣,黄巢知道硬攻要受损失,只好先把队伍拉到山里休整,等过了年再打。新年很快就过去了,家家都在推米磨面,做汤圆,欢庆上元佳节。黄巢想,《孙子兵法》说,"知己知彼,百战不殆"。我们何不乘人们过节的时候,进城摸摸敌军的虚实,再决定攻城之策。他马上召集将领们商量了一下,自己挑上汤圆担子,向浑城走去。

黄巢进了城门,直奔西街而去。走了没有多远,只见十字街前有一伙人正指指划划地说着什么。刚好这时对面来了个卖醋的老人，黄巢上前施礼说："请问老人家，前面出了什么事？"老人打量了一下黄巢，左右望望，把他拉到路边，低声说："前两天黄巢带兵攻城不下，到山里去了，过几天还要来的。官家贴出告示，要百姓出人出粮，唉！要打大仗了。"两个人正说话，忽听一阵马蹄响，黄巢抬头一看，一队人马飞驰而来，当兵的边跑边叫嚷道："众家百姓听着，黄巢进城了，现已四门紧闭，有发现卖汤圆的马上报告，知情不报者诛灭九族！"

黄巢知道军营中出了叛徒，走漏了消息，便扔下担子往东跑，急急忙忙地钻进一个巷子里。进了一家院子，藏在门后，等马队过去，他这才出来往北跑。没跑多远，又听见马蹄响，知道马队又回来了，他一转身钻进另一个小院。黄巢插上门正要进屋，见一个老人从屋里走出来，黄巢看出正是十字街头跟自己说话的那个老人，急忙走过去说："老人家行行好，把我藏起来吧。"老人看见黄巢先是一愣，接着点点头答应了。

这时，街上传来一阵急促的马蹄声，接着有人猛烈地敲门。老人着急了，话都顾不得说，急忙把黄巢领到后院，来到醋缸跟前，掀开缸盖让他钻进去。老人拿把扫帚刚要扫地，大门被撞开了，闯进来十几个官兵，把老人团团围住。官兵头目问老人："青天大白日，为什么插门？"老人说："我怕小偷进来偷东西。"头目追问："有个大汉进到你家院子，你把他藏在哪里了？"老人说："我家大门插着，没人进来！"头目骂道："胡说！他明明钻到这儿来了。你不想活了！"老人说："官爷，你不信，就搜吧。"头目下令去搜查，十几个官兵马上进屋，翻箱倒柜，乒乒乓乓一阵乱响，东西砸烂了不少，醋缸也被打破了两道口子，醋流满了院子，幸亏他们没接着翻。

官兵走了，黄巢从醋缸里爬出来，只见老人在惋惜地落泪。他急忙走过去安慰老人说："老人家不要哭了，过两天我一定赔你。"老人说："你快走吧，他们到前边去了，找不到人还会再回来的。"

黄巢问:"现在天还不黑,到处都是官兵,我从哪里出城呢?"老人说:"你出了这条巷子,钻进对面院子,从后面出去便是天齐庙,你先在庙里藏着。天黑后,顺着城墙往南走,有个豁口,你就从那儿出去吧。"黄巢见老人厚道诚实,便进一步打听说:"这座城有何妙处,黄巢十万大军攻了三天竟然攻不破?"老人说:"客官有所不知,这城建在秦朝,城墙又高又厚,上有滚木,两厢藏有弓箭手。"黄巢又问:"那就没法攻了吗?"老人说:"要打城不能从城门攻,得从天齐庙的豁口进。"黄巢听了很高兴,转身就要走,但他又回过身来问道:"老人家,你知道我是谁吗?"老人犹豫了一下,说:"你是黄大将军。"黄巢说:"唐兵骂我杀人如麻,吃人不吐骨头,你不怕我吗?"老人说:"那是官家说的,官家能有好话吗?我们穷百姓正盼着你来呢。"黄巢听了很感动,就说:"你买几张红纸,扎个灯笼,正月十五挂在房檐上。"黄巢走后,老人把消息传给邻居,一传十,十传百,不久全城穷百姓都知道了,家家买红纸扎灯笼。

黄巢回到大营,马上召集将士商量,到了农历正月十五晚上,带着五千精兵,摸过护城河,按老人所指的路悄悄入城,一声号炮,内外夹攻,很快攻破城门,起义军进城了!这时只见穷人家家户户门口都挂起了红灯笼,全城灯火通明。凡是挂红灯笼的大门,起义军一律不入;不挂红灯笼的,起义军冲进去抓贪官污吏和地主老财,只一宿就把贪官污吏、土豪劣绅杀光了。第二天,黄巢开仓分粮,还派人给那位老人送去二百两银子。从此以后,每到正月十五家家户户都挂起了红灯笼。

在关中骊山一带,端午节插艾叶的来历和黄巢起义也有关系。端午节本来是纪念屈原的节日。黄巢义军攻打中原地区,当时正值端午节。当地官员放出风声,"黄巢隔山摇刀,人头落地"!蛊惑民众逃离家园,实际上是限制起义军不断扩大之势。

有一户人家,男人都外出了,家里只剩下一个女人和两个小孩子。这两个孩子一个是女人亲生的,一个是她嫂子的遗孤。亲生的小孩刚刚学会走路,她嫂子的孩子比她的孩子大一岁。这个妇女一人带着两个孩子逃难,她背着嫂子的孩子,却让自己的孩子走路,所以就落在人群的后头。她遇见一个穿着黄衣裳的人,这人问她:"嫂嫂为何不让大小孩走路,而让小小孩走路呢?"这个妇女如实相告,穿黄衣裳的人听了以后很感动,就对妇女说:"你在危难之中行忠义之事,你只需要在家门口插上艾叶,表示你家是忠义之家,黄巢便不会为难你的。"穿黄衣裳的人说完这话,忽然不见了。妇女认为这是仙人在指点她,于是回到家里就在门上插上艾叶,并且叫其他逃难的人也在自家门上插上艾叶,这样就能破了黄巢的刀,黄巢就不会杀他们。这个妇女平时为人善良,大家都相信她的话,就都在自家门上插上艾叶,在家中过端午节。

果然,起义军经过这里的时候,见到插艾叶的人家,无人打扰,随军的医生还为老百姓看病、问疾苦。一时间,这个妇女遇仙人指点的故事在各地传开,平民之家怕黄巢来了,纷纷插上艾叶过端午节,并学着这个妇女行忠义之事。

起义军戳穿了官府"黄巢隔山摇刀,人头落地"的谣言,得到老百姓的支持,又使老百姓积德行善成风,于是就形成了现在民间过端午节"插艾叶"的风俗。

『第六章』

骊山胜迹永留芳

一、戏水淙淙古战场

距临潼区以东大约 30 里的地方,有一条河流,名叫戏河,古时候叫做戏水。戏河发源于骊山最高峰的仁宗村，流经仁宗、穆寨、新丰等 9 个乡镇,在新丰镇北部注入渭河,全长 60 多华里。据传说，戏河的得名是因为当年周幽王与褒姒在这里经常游戏作乐,所以被称为戏河。

这条河从古到今流淌了几千年,她像一位慈祥的老人,历经世事沧桑,饱经风霜。她从骊山中部流出,穿过临潼中部最肥沃的土地,由南向北静静地流淌着,默默记录着在她身边演绎过的历史风云、世事变迁、胜败兴亡。戏河是一条具有厚重的历史印痕和浓郁的人文气息的河流,是骊山以及临潼今昔变化的见证者。

西周末年,最后一位统治者幽王残暴荒淫,整天沉迷于歌舞酒色之中。终于有一天,下属申侯乘机联合西北的犬戎,很快就攻占了周朝都城,幽王被杀,褒姒也被犬戎乱兵虏走,西周从此灭亡。至今在戏水河附近的农村中,还有传说中的幽王墓和褒姒自杀的地方。

戏水中游一带地方,传说曾是周代骊戎国的地盘。春秋战国时,晋献公听说骊戎国君有个女儿叫骊姬,长得非常漂亮,想娶她为妃。为了达到这个目的,他不惜动用武力发兵攻打骊戎。晋献公五年(前 672 年),战争最终取得了胜利,晋献公如愿以偿地得到了美丽的骊姬。

在晋献公夺得骊姬七年以后,晋

◎ 骊姬像

献公十二年(周惠王十二年,公元前665年),骊姬为晋献公生下了一个儿子,取名奚齐。晋献公因为非常宠爱骊姬,所以对奚齐也特别偏爱,他就想立奚齐为太子,便将原太子申生调到了山东曲沃,把其他两个儿子重耳、夷吾也调出了京城。晋献公十九年(周惠王十九年,公元前658年),奚齐长到14岁,晋献公对骊姬说:"我想废掉太子,让奚齐取而代之。"骊姬表面上装着不同意,但内心却很高兴。她假装对晋献公说,你若要废掉现在的太子,我就不活了。然而,她暗中密谋,企图杀掉太子。晋献公二十一年(周惠王二十一年,公元前656年),骊姬趁晋献公外出狩猎之际,在肉中下毒,想毒死太子申生。可惜的是,这个计划没有成功。但是,申生觉得既然骊姬要下毒害他,总是自己不好,便含恨自杀了。晋国太子申生的自杀,引起了晋国国内的混乱,重耳逃到秦国避难,随后又辗转逃到楚国等国家忍受了很多的苦难。后来,重耳在秦国的帮助下做了晋国国王,他就是著名的春秋五霸之一晋文公。

秦朝末年,由于秦二世胡亥无能,秦国政治腐败,上下贪污腐化,民不聊生,最终导致了农民起义。秦二世胡亥二年(公元前208年),陈胜、吴广揭竿而起,全国人民纷纷响应,迅速形成了轰轰烈烈、声势浩大的秦末农民起义。

由于秦国政权是建立在消灭六国政权的基础上的,其他国家对秦国的仇恨并未随着时间的流逝而减弱,而且秦朝建立的时间有限,其他国家失败的贵族力量还存在着,在农民起义的汹涌洪流中,东方各国的诸侯也趁机起兵反秦。在这一年的冬天,陈胜派周文率领军队向西挺进,越过黄河,进入潼关,直驱骊山脚下的戏水之岸(新丰镇东边)。农民起义大军威逼国都咸阳的消息传入咸阳皇宫,在咸阳城内引起了极大的震动和恐慌。秦二世紧急召集大臣们商议应对之策,大臣们也六神无主,有人说,陈胜的军队来得太突然了,我们想调集军队也来不及了,只能坐以待毙了。此时,以前在骊山负责修建皇帝陵的少府章邯提出了一个意见,他说,参加骊山陵墓修建的农民和工匠有几十万人尚在,骊山距戏河仅十多里的路程,现在可以临时将这些民工武装起来,抵挡农民起义的军队。秦二世便同意了这个荒唐的建议。章邯便将武器分发给临时组建起来的修建骊山陵的农民与工匠队伍,以攻为守,先发制人,让他们抵抗起义军首领周文率领的军队。农民军与章邯率领的这批临时组建的没有任何作战经验和能力的军队,在戏水河畔展开了激烈的战斗,农民军遭到了惨重的失败,不得不向东退却。在章邯率领的军队的追杀下,农民军一直退出潼关,撤退到了河南一带。

二、秦国名医扁鹊冢

扁鹊是中国古代中医学的重要开创者和奠基者。关于他的墓,传说有好几个地方,有的典籍说,扁鹊的墓位于现在的山西永济市清华镇东边一带,有的说,河南汤阴也有他的墓,山东省也有他的墓,而传得更多的是扁鹊的墓就在陕西省骊山脚下临潼区的上陈村东北。

扁鹊是春秋战国时期我国著名的医学家,他原本是郑国人,因医术精湛超群,所以人们就用传说中的上古轩辕黄帝时代的名医扁鹊来命名他。按照古人的说法,医生治病救人,走到哪里,就将安康和快乐带到哪里,好比是带来喜讯的喜鹊。所以,古人把那些医术高超、医德高尚的医生统统称作"扁鹊"。

扁鹊是一个充满传奇色彩的人,故事也很多。关于他的名字和

◎ 一代名医扁鹊

出生地都是一个谜团。传说扁鹊早期在秦国开了一个旅社,迎接来往各处的旅客。在这些旅客中,有一位叫长桑君的人,曾经住在扁鹊开的旅社里,他发现年轻有为的扁鹊聪明诚实,为人可靠,于是有一天,他找来扁鹊,对他说出了一些自己的想法。长桑君向扁鹊说:"我是一个医生,有许多祖传的秘方。现在我的年纪大了,不想让这些秘方失传,我打算把这些秘方教给你。"扁鹊听了分外高兴,于是,他决定跟着长桑君学医。从此,他便开始了自己的医学生涯。

扁鹊是一个很有上进心的人,在行医的实践中不断地摸索、思考和完善医术,获得了精通各类疾病的治疗和预防的能力,成为闻名遐迩的民间医生。他还随着当地的风俗及需要,不断改变自己的治疗重点,治疗了很多疑难杂症病例。

扁鹊到赵国的首都邯郸去行医,听说赵国人很重视妇女,他便专门研究治疗各种妇科疾病的病例,取得了显著的收效;他到了洛阳,听说那里的人敬重老人,便开设了专门治疗老人眼花、耳聋、神经麻痹一类病症的专科;他在秦都咸阳,知道秦国人爱护小孩,又专门开设了小儿科。他是一个能够全方位探索医术能力和功效的医生,所以成就也是多方面的。

扁鹊的医术在当时春秋各国都有很高的声誉,很多名人都请他治病,因此也留下了许多动人的故事。赵简子是晋国大夫,实际上掌握着晋国的大权。他生了一种怪病,请扁鹊诊治。扁鹊认真地给赵简子诊了脉,看了赵简子的气色,说这病不难治疗。于是他对症下药,很快治好了赵简子的病。在这期间,秦穆公也得了这种病,七天七夜不省人事。扁鹊说,赵大夫得了这种病才五天就治好了,秦穆公的病不出三天,我便可以让他醒来。果然不出所料,秦穆公三天后就醒来了,不久便可以下床处理国家政务了。扁鹊路过虢国(在今河南陕县)的时候,虢国的太子刚死了,扁鹊想虢国的太子前不久还和自己见过面,身体很好,怎么突然死了?他便问虢国的中庶子(太子的属官)喜方:"太子得了什么病死的?"喜方说:

"太子血气不和,暴病而死。"扁鹊听了以后认为,这种病还不至死人,也许是假死。他便将自己的意思告诉喜方,喜方将扁鹊的话告诉虢君,虢君自然高兴。扁鹊被请到宫里为虢太子诊病。他认为这是"尸厥"之症,有治好的希望。他将针灸、熨法与药物结合起来,经过悉心治疗,虢国太子最终起死回生。这件事引起了轰动,人们说扁鹊真是个神人,能让死人活过来。扁鹊说:"没有这么玄,我并不能把真正的死人给治活来,而是太子根本就没有死,我只不过是利用他潜在的生机,让他的生命重新发挥了作用而已。"的确,扁鹊是一个真诚的医生,他能够通过对病人的观察,准确诊断出疾病的根源,并正确地预测疾病的发展趋势,最终找到正确合适的治疗方法,将病人从疾病的泥潭中解救出来。

有一天,扁鹊拜见齐桓公。他见了齐桓公以后,看着他的脸色说:"您现在有病,疾病侵入皮肤表面,要赶快治疗,如果不及时治疗的话,将会更加严重。"齐桓公自感身体良好,根本不相信他的话,还认为医生就喜欢给人看病,扁鹊是想邀功,所以就没有理睬。他说:"我没有病。"大约十天以后,扁鹊见到齐桓公,仍然关心地对他说:"您的病因已经浸入到血液里了。如果再不治疗的话,病因还将继续深入。"但齐桓公不吱声,他还不承认自己有病。再过了十天,扁鹊见了齐桓公,最后说:"您真的有病啊,病情已经浸入到肠胃里了。"最后扁鹊去见桓公,见了以后,扁鹊什么话也没有说,回头便走了。齐桓公不理解,便派人去问他,扁鹊说,病在皮肤、肌体、肠胃,可以通过敷药、熏洗、针灸、服用清火药剂等手段治疗,现在疾病已经进入骨髓了,治不好了。五天以后,齐桓公感到浑身疼痛,而扁鹊已经逃往秦国。不久,齐桓公就因疾病发作,治疗无效而死去。这是《韩非子·喻老》篇中所讲的故事,带有寓言的性质,但是却蕴含着深刻的人生道理。在这则故事中,扁鹊主张有病早治,不要贻误病情,以免拖延至严重之后无法补救。

◎ 扁鹊行医雕像

　　前面说过,春秋战国时代,各国都很重视招揽人才,秦国除了重视治理国家的人才外,对医生也很尊重。《庄子·列御寇》记载:"秦王有病,招医,破痈溃痤者,得车一乘……所治愈下,而所得愈多。"给予医生以极好的待遇和奖赏,这在当时天下产生了巨大的反响,于是,各国名医纷纷到秦国来,谋图发展和获得功名。扁鹊就是在这种情况下,来到秦国的。

　　扁鹊在秦国,给秦武王看病。他诊断了秦武王的病情后说,秦王的病在耳朵的前面,眼睛的下面,他可以用手术取掉它。秦武王的左右说,这不好吧,恐怕病治不好,还会搞成聋子和瞎子。秦武王将手下的这个顾虑告诉了扁鹊,扁鹊很生气地说:"秦王要治病,要和治病的医生商量,但却让不会治病的人来决定要不要治,真是荒唐可笑。"扁鹊还说,这就像治国一样,如果以这种方法治国,国家也会被灭亡的。当时秦国的太医令叫李醯,李醯是个庸医,他治不了秦武王的病,经扁鹊这么一说,他自知医道不如扁鹊,所以就对扁鹊非常妒恨,最后便雇人将扁鹊暗中杀害了。扁鹊在秦国被害以后,人们感到极其痛惜。为了记住扁鹊,秦国人为他在骊山脚下建墓立碑,以永久性地纪念他。

三、李筌得道老母殿

骊山老母是传说中殷纣时代的一位女王,她曾经帮助周武王伐纣,立过大功,她是一位勇敢的女酋长。相传她是涂山氏的女儿,是伏羲氏的妹妹,在唐宋以后她被尊为女仙。唐代宗广德元年(公元763年),唐王朝在骊山西绣岭建起了老母殿,以祭祀这位神仙。在这里,还发生了一件有趣的传奇故事,更增添了骊山的神秘气氛,这便是骊山老母向李筌讲授《黄帝阴符经》的故事。

传说中有一天,李筌在河南嵩山虎口岩石壁上发现了一卷用红漆写在白绢上的书,书名叫做《黄帝阴符经》(又名《阴符经》、《太白阴经》),书上题有"魏道士寇谦之传之名山"的字样。他如获至宝,便如饥似渴地阅读起来。他又是手抄,又是背诵,但却总是理解不了其中的意思。于是,他就下山寻访名师,以求解读经书。李筌下了嵩山以后,由河南出发向陕西关中走来。他知道,在春秋战国时代,老子是从安徽来到关中的,老子的《道德经》是在陕西周至终南山下的楼观台写成的,他又在这里给弟子们宣讲他的《道德经》,于是楼观台就成为道教文化的发源地。他到陕西来,就是希望能够遇到深谙道学经典的大师,以求解读出《阴符经》的精深含义。

李筌从潼关进入关中以后,他在秦岭的支脉骊山脚下遇到了一位头绾双髻,其余头发披在双肩的老太婆。他看见老太婆跟前的路边上,有一棵大树正在熊熊地燃烧,而老太婆却气定神闲,闭目自语道:"火生于木,祸发必克。"李筌听了这话以后,感到十分吃惊,他凭直觉知道这个老太婆非同凡俗之人,他便非常谦恭地向老太婆深深地行礼,行过礼后,他向老太婆问道:"老人家,您刚才说的那句话好像是《阴符经》上写的,请问老大娘是怎么知道这句话的?"老太婆说:"我得到《阴符经》已经三元六周甲子了,一元六十年为一个甲子,三元一百八十年为三个甲子,这算一个周期。六周算下来已经一千零八十年了。你这个年轻人怎么能知道这些呢?"李筌听了她的话,低头便拜,他坦诚地向这位老太婆如实讲了自己获得《阴符经》的全过程。老太婆听了以后说:"看你的模样,是一个性格善良又好学习,而且也勤于做事的人,你可以做我的弟子。但是,你在56年后,会遭遇一场灾难。"说完这话,老太婆便取出一粒药丸,又写了一道符书,让李筌吞下去,又说:"愿天地保佑你。"做完这些事后,老太婆便拉李筌一起坐在一株大树下,向他讲解起《阴符经》玄奥的内容来,李筌很认真很谦恭地听着老太婆所讲的每一句话,甚至连一个字都不错过。老太婆对李筌说:"《黄帝阴符经》虽然只有短短的三百个字(与今本《阴符经》字数不同),但是寓意深厚博大。黄帝用一百个字讲道(理论),用一百个字讲法(方法),再用一百个字讲术(技术),这三个方面就合成了这部书,包含了天下深奥的哲理。其中高层次的有神仙抱一之道,中层次的有富国安民的办法,普通层次的有强兵战胜的技术。圣人学了这些内容后得到了'道',贤人学了以后可以得到了'法',聪明的人学了以后得到了'术',小人学了以后得到的只能是灾祸。各人智慧、悟性、品质不同,所以得到的结果也大不相同。"老太婆耐心地给李筌讲了该书博大精深的蕴涵,希望李筌好好地用心去领悟,也让他不要乱传给别人。

说完这些,老太婆看了一下天色,太阳已经过中午,到了吃午饭的时间了。老太婆很慈善地对李筌说:"我这里有麦饭,你跟我一起吃吧。"说完,她从袖子中取出一个葫芦瓢,对李筌说:"孩子,你去给咱找一点水吧。"李筌拿上葫芦瓢到山谷中的小溪里去盛水,水盛满瓢以后,李筌感到瓢很沉重,足足有一百多斤重。他一不留神,瓢掉到水里,顺着水流漂走了,眨眼间就不见了。李筌很着急,但是他却没有办法找回那个瓢,只好很失望地回到刚才听老太婆传道的地方,而老太婆也不见踪影了,只看到她留下的一升麦饭。李筌很真诚地留在原地等候老太婆,但是他等呀等呀,一直等到天黑,也没有等来老太婆。没有别的办法,他肚子饿了,只好一个人吃了老太婆留下的麦饭。仿佛发生了奇迹般地,李筌顿时觉得浑身来了劲头,他精神百倍,内心充实,仿佛得了道一般。

后来他才知道,这个老太婆便是骊山老母。李筌回去以后,深入阅读《阴符经》,潜心修道,仔细研究《阴符经》的内容,渐渐悟出并懂得了《阴符经》的真意。李筌根据自己的理解和感悟,写出了《阴符经注》《太白阴经》等道教经典著作,一直流传到今天,产生了很大的影响。

《黄帝阴符经》是历史上的一部微型名著,全书虽然只有短短的 452 个字,自古以来,却有很多人在为它作注。比如宋代的郑樵(1104—1162,中国宋代史学家、目录学家)在《通志略》中收录了 38 部 51 卷的《阴符经》著录,明代编的《正统道藏》中所收的《阴符经》注本有 22 种(这里说的只是道家注本,儒家注本未计)。现存的《正统道藏》是由明成祖永乐四年(1406 年)第四十三代天师张宇初及其弟张宇清奉诏主持编修。明英宗正统九年(1444 年),朝廷诏通妙真人邵以正校正增补,第二年完成校正增补工作,共计 5305 卷。后世以刊板年号称其书为《正统道藏》。清代《四库全书》中便有姜太公、范蠡、鬼谷子、张良、诸葛亮、李筌六家的注解。

相传,李筌所著的《黄帝阴符经疏》是比较好的注本之一,分为上中下三篇。上篇《仙抱——演导章》,讲的是阴阳五行,即人与自然的关系。李筌认为,人如果想学道,就必须用心观察自然,奉天而行,使心中所想与天道自然相符合,即"天人合发,万变定基",才能达到长生久视、养生修炼的目的。上篇集中讲人的行为应该符合自然运动的法则。中篇《富国安民——演法章》,讲的是人与天地、万物的关系是互相关联的,人的行为符合自然规律则吉,否则便凶。李筌强调人必须善于运用天机道德之气,探明阴阳五行的变化,适时而食,伺机而动,这样人的身体才能强健,万物才能相安,民安则国富。下篇《强兵战胜——演算术章》,讲的是修炼时要闭目收心,专心致志,不要有邪念,也不要妄动,更不能违背自然规律。"阴符"的含义为暗合天道,天人合一。

总之,李筌是在骊山上受到骊山老母指点后得道的,他的《黄帝阴符经疏》是一本讲道教修炼的专著。在道教经典中,《黄帝阴符经疏》与老子的《道德经》、庄子的《南华经》,并称为道教的三大经典著作,它们对宋代的理学家周敦颐、程颐、朱熹等人,都产生过巨大的影响。

四、十八国骊山斗宝

在骊山的老母殿前,有一个大平台,据民间传说,这是春秋时期十八国曾经斗宝的地方。

春秋战国时期,诸侯国之间为争城夺地,经常打仗。这期间,在中国西部崛起了一个强大的诸侯国,这便是秦国。公元前695年,秦穆公继承王位,国力已经发展到非常强盛的阶段,秦穆公成为春秋五霸之一。他为了向东方诸侯国显示秦国人才济济,国富物丰,便独出心裁地向东方各国发出了在秦国斗宝的邀请,地点就在骊山上,即老母殿前的平台上。他要求参加的国家要在这里展示自己国家的绝活。

这次有十八个国家参加斗宝大会。各诸侯国拿来的宝贝各有特色,有日行千里的火焰驹,有夜飞八百里的金毛雕,有夜里能绽放耀眼光芒的夜明珠,还有水火不侵的龙凤衣,五光十色,异彩纷呈……这些宝物也都纷纷引起各国国王和使者的喝彩,但是秦穆公却并不欣赏。他说,这些宝物都很好,各有特色,但并不稀罕。其他国家表演完之后,只剩下楚国和秦国了。秦穆王请楚国先亮宝。

楚国出来的是大将伍员,只见他一身戎装打扮,手里什么也没拿。秦穆公对伍员说,你们楚国有什么宝贝,赶紧亮出来让大家看看吧。伍员说,我们楚国向斗宝会献上的就是我这个活宝。说完,伍员便走到斗宝台上的一个大铜鼎前,他问大家,谁能把这口铜鼎举起来?大伙一看,是一口重逾千斤的铜鼎,所以没人吭气。伍员活动了一下身子骨,然后左手叉腰,右手抓住鼎耳,轻轻一举,铜鼎便高过了他的头顶。他举着铜鼎,绕场三圈,然后将鼎放回原位。做完这动作,伍员脸不红,气不喘,很平静。诸侯国的首领和使者都被伍员的神力镇住了,齐声高呼:"好宝!好宝!"伍员得到了全场阵阵喝彩声。伍员下台以后,轮到秦国献宝。秦王让人抬上来一筐做熟了的黄米干饭,说这是秦国出产的"无眼珍珠"米,请大家品尝。斗宝斗了一天,大家都饿得肚子咕咕叫,香喷喷的小米饭刺激了参加斗宝的人的食欲,会场上的人一人一大碗,却总是盛不完这筐小米饭。秦王说,世上的东西再好,难道能填饱肚子吗?我们秦国的这无眼珍珠米,色香味俱全,让人回味无穷,吃了的人还想再吃,而筐中的米却谁也取不完,这就是秦国的宝贝,是宝中之宝。秦王的这一举措,就是要向东方各国国王展示,秦国具有雄厚的经济实力。诸侯们都说这无眼珍珠米确实是一宝。在这次斗宝活动中,楚国和秦国成为并列第一,一个是人才超绝,一个是物产举世无双。

十八国斗宝程序有一个规定,凡是带来的宝贝物品,都不能再带回去,秦王要求各国都将自己的宝物埋在骊山上的柏树林中,以便将来派人取回。于是,斗宝台周围的柏树林中就埋藏下了很多宝贝。有一天,一个农民拉着驴子到城里去买粮食,他路过斗宝台时坐下来休息,把驴子顺手拴在一棵柏树上。驴子用蹄子在地上乱刨,突然刨出了许多豆子,这位农民看到豆子非常高兴,就将豆子装在口袋里。这个农民带的装粮食的大袋子,一袋可以装100多斤粮食。但是,他却怎么也装不完地上的豆子。他想,这难道是当年斗宝时埋下的聚宝盆在起作用?既然装不完,他就将未装完的豆子用土埋上,以后他每天都到这里来装粮食,还是取之不尽。这位农民从此发了财,成了富翁。

有一次,他装完了豆子后,想了个主意,他想,人说聚宝盆放什么便可以有什么,下次来时,顺便把这个聚宝盆挖回去,放在家里,那不是想要什么就有什么了吗? 他填好土坑,并将坑旁的一株柏树扭成歪的。下次他再来的时候,牵着驴,带着挖土的工具,但是,当他抬头看时,山上的柏树都成了歪的,他再也找不到原来的那个坑了。

故事所昭示的是人不能过于贪心,过于贪心的人永远是不能如愿的。

五、朝元阁中拜老君

在骊山西绣岭的西峰上,有一个道教的名胜之地,几乎天天香火不断,朝拜者络绎不绝。这里自然风景幽美,松林密布,草盛花繁,环境非常清静幽雅,在绿荫的掩映下,除了山林中的鸟鸣声和自然的风吹林涛声,剩下的就是道观中传出的诵经声音。这便是骊山上著名的老君殿,殿中祭祀的是道教祖师老子。

老子是春秋战国时期一位伟大的思想家,他姓李名耳,也叫老聃。老子是楚国苦县(今河南鹿邑)人,他和后来的庄子创立了道教学说,他们的学说和儒家学说、佛教一起组成了影响中国各个方面的三大宗教。老子主张清静无为,顺其自然。他的思想集中表现在他的著作《老子》里,他关于道教的思想主要体现在他的《道德经》中。

在春秋战国时期,中国出现了历史上第一次全社会的学术大交流与思想大交锋,在这次大交流和大交锋中,涌现出来了灿如

◎ 老子像

星海的学者、名士和思想家,老子就是其中最有代表性的一个。

在老子生活的时代,社会发生了巨大的分化,各诸侯国纷纷与周王朝抗衡,历史上称这一段时间是"礼乐崩坏"的大变革时代,周王朝对整个国家失去了控制,出现"天子失官,学在四夷"的混乱局面,正是在这样的形势下,才发生了学术界与思想界"百家争鸣,百花齐放"的可喜景象。当时混迹于民间的文人书生统称为士人,他们在相对自由开放环境下,激烈竞争,游走四方,宣扬自己的学说,博取诸侯和天下人的青睐,思想呈现出空前繁荣和活跃的局面,从而奠定了中国传统文化的基础地位。

春秋战国是一个需要巨人而且也产生了众多巨人的时代,当时的士人群体,应时而生,才俊如雨后春笋,层出不穷。老聃、孔丘、墨翟、孟轲、庄周、荀况、韩非、管仲、商鞅、左丘明、屈原等"诸子百家",形成了儒、墨、道、名、法、阴阳、农、纵横、杂、小说等十家影响巨大的学术流派,可谓群星璀璨,光艳熠熠,照亮了祖国古代的天空,彪炳于中国文化博大精深的文化史册,辉映着人类的历史。出现这样空前繁盛的局面,就学术与文化人才辈出的密集度和影响度以及成果的丰硕程度,在整个世界历史上,只有古希腊可以与中国比肩。

以老子为代表的道家,也称为道德家。道家是以"道"为核心内容的哲学流派,老子的《道德经》共有五千多文字,是一部用韵文写成的哲理诗。老子认为,世界上的所有事物之间都存在着矛盾对立关系,而矛盾的两方面不仅可以互相依存,而且还可以相生相成。"有无相生,难易相成,长短相形,高下相倾","贵以贱为本,高以下为基"。矛盾的双方还能向自己的对立面转化,"祸兮福所倚,福兮祸所伏"。基于这样的认识,老子关于社会和政治以及人生的主张是"清静无为",他认为"无为"方可"无不为"。老子还有柔弱胜刚强的思想,"天下莫柔弱于水,而攻坚强者莫之能胜"。因而他又主张人的处世之道应该自居于柔弱卑下的一面,方可很好地保护自己,使自己得到最后的胜利。

道家以道作为天地万物的根本,道是无为的自然,"人法地,地法天,天法道,道法自然"。他们认为物欲违背人的天然本性,要求人最好"见素抱朴,少私寡欲"。正是儒家的仁义礼智使人陷入"大伪"的泥潭不能自拔,所谓"大道废,有仁义;智慧出,有大伪;六亲不和,有孝慈;国家昏乱,有忠臣",故而"失道而后德,失德而后仁,失仁而后义,失义而后礼。失礼者,忠信之薄,而乱之首",从而主张"绝圣弃智","绝仁弃义",复归于人的本性,最后走向真正的自然。后来,老子思想和学术流派的直接继承者庄周,使道家的思想更加导向了虚无主义和相对主义的轨道。庄子极端厌恶"征地以战,杀人盈野;争城以战,杀人盈城"的黑暗残酷现实,同时他又反对儒家所设计的"仁义礼智信"的礼教枷锁,表现出愤世嫉俗的强烈情怀,他选择了超世、顺世、游世、出世的人生取向。他的人生哲学是"游戏污渎之中自快,无为有国者所羁",所以"终身不仕"。他追求的人生境界是泯灭是非人我界限,齐生死,忘物我,超利害,崇尚绝对的精神和生命自由,认为"虚己以游世"的至人、真人才是最高的人生榜样。由老庄共同创建的道家的消极"出世"思想,和儒家所崇尚的积极"入世"的思想,两者共同构筑起了中国文化的坚强脊梁,这影响着中国自春秋战国以来历代文人们的精神世界和生命情怀,士大夫们在入道思想的浸润下,信仰进可以"入世",以实现"治国平天下"的政治理想;退可以"出世",或归隐山水林泉,或独善其身,与世无争。"儒道互补",成为中国文人共识的两极文化心理,也成为中国文化的基本特征。

春秋战国时代,由于社会的混乱,"诸侯异政,百家异说","诸子并起,百家争鸣",人人敢于各持己见,"处士横议"天下,抨击社会现实,而且为了实现自己的政治或文化抱负,诸子们或游走天下各诸侯国,或聚众徒以讲学传道等等,都成为当时的时尚。这样的自由宽松的社会文化环境,极大地带动了人才的发展和大流动。与此同时,各诸侯国为了富强,纷纷以优惠的政策招揽人才,士人们为了找到自己施展才华的平台,也在寻找合适的发展空间,这就出现了"朝为寒士,夕为卿相"的现象。但是也有些不愿做官的士人在寻找着自己特殊的发展空间,在这样的形势下,老子便骑着牛由中国遥远的东方,长途跋涉,不辞辛苦向西而行,越过潼关,进入富庶而又有深厚文化蕴涵的关中平原。他先到了周至县的楼观台,聚集大批弟子,宣讲他的《道德经》,传播他的道家学说和思想。潼关的关令尹喜特别喜欢老子的道家学说,便拜老子为师,连官都不做了,成为老子忠诚的弟子。

历史的车轮前进到强盛的唐代,传说唐初太宗李世民和高宗李治,分别到楼观台去拜谒老君,因为老子也姓李,李家皇帝认为老子是他们的祖宗。李治于666年封老子为太上玄元皇帝,并为他兴建祠堂,修庙建殿,还在庙中设立了令、丞等官职来进行专门的祭祀管理工作。唐玄宗也信奉和崇尚道教,他在晚年时自称是元始孔升真人。他当年宠幸杨玉环在骊山宫居住时,经常到朝元阁去祭拜老君。那时,他就想到应该在这里为老君立一座巨大的塑像,于是,他就派人到终南山去寻找上好的石料,为老君塑像。寻找石材的人终于在终南山上的主峰西侧挖出了一块晶莹剔透、洁白细腻、异常明亮的白玉石,唐玄宗命令当时享有盛名的雕塑家杨惠之,为老君雕塑成了一尊白玉石巨像,这座白玉石塑像高2米,重1500公斤,是当时最大的一尊老君塑像。现在,这尊塑像被保存在西安碑林博物馆石刻艺术陈列室里。可惜的是,由于年代的久远,这尊老君塑像已经没有了双手,正身和雕像底部的莲花座也被损毁掉了。

位于骊山上的这座道教名胜,自盛唐时期建起以后,后经历代王朝风雨侵袭,虽然有不同程度的修葺,但是由于时间的久远,道观仍有损坏。自从清代咸丰五年这里被整修以后,直到1985年,当地政府拨款又加以修整,并且还重建了献殿、大殿、三门以及东西厢房各三间,供中省内外道教信徒以及仰慕老子和道家学说的人士前来游览、瞻仰。

道院共分三进,进入山门,便是第一进院落,有供香客们洗手的水池,洗手池后是汉白玉雕成的仙游图,雕刻着谢映登在终南山修道治病救人的事迹。沿着台阶往上走,就能看见有左鼓亭、右鼓亭、灵宫殿等建筑。第二进院子是明圣宫的圣殿,即仙祖殿,这里就供奉着被称为仙祖的谢映登。第三进院子是三清殿,所谓三清殿是玉清元始天尊、上清灵宝天尊、太清道德天尊,这里供奉着三官大帝即主赐福的上元天官、主赦罪的中元地官和主解厄的下元水官,还供奉着玉皇大帝等神灵。

现在这里三面环山,苍松翠柏环绕着道院,站在院子的最高处向北瞭望,渭水如练,平原漠漠,庄稼苗壮,田野青翠,确是一处胜景仙源。从建筑规模巨大、道观宏丽考究等各方面来看,明圣宫是目前西北最大的一处道教圣地。

六、李杜光焰照骊山

唐代是中国古代诗歌最为繁盛的时期,可谓诗人群星璀璨,诗作浩如烟海。人们有"唐诗晋字汉文章"的说法,可见唐诗之盛况,影响之深远。唐代诗人中最杰出的代表人物便是李白、杜甫、白居易等大家。李白被称为"诗仙",杜甫则被称为"诗圣"。

李白(701—762),字太白,号青莲居士。

天宝元年(742年),唐玄宗召见李白,并让他当了翰林供奉,专门在宫廷里写作诗文。李白原以为他受到了皇帝的垂青,在朝廷里能够将治理天下的宏伟愿望很快实现,但腐败的朝政使他逐渐清醒地认识到,皇帝根本没有认真听取过他的治国之策,只把他作为"帮闲"文人来对待罢了,让他写诗赋文只不过是为宫廷增

◎ 李白像

添风雅,根本没想着要让他施展什么治国抱负。更可恨的是那些达官显贵,处处与他作梗。李白极为失望,就主动要求离开朝廷,后来又开始了辉煌的漫游和创作生涯,写下了许多脍炙人口、万古传颂的诗篇。

李白的诗歌现存990多首,豪迈奔放,别具一格。像著名的组诗《古风》,批判朝政弊端,感慨有志之士不能施展抱负;乐府《行路难》《梁甫吟》《将进酒》等,是抒发怀才不遇的悲愤;《秋登宣城谢朓北楼》《望庐山瀑布》《梦游天姥吟留别》等诗篇,以充满想象的神奇之笔描绘祖国的壮丽山河。尽管李白有的诗歌也隐含着人生如梦、纵酒狂欢的颓丧情绪,但是不满于社会和政治的黑暗、追求心身自由和解放的昂扬向上的精神是他诗篇的主旋律。

李白在骊山住过华清宫,洗过温泉澡,在渭河看过茫茫的水景,在新丰喝过美酒,像王维在《少年行》诗中所写的那样,"新风美酒斗十千,咸阳游侠多少年。相逢意气为君饮,系马高楼垂柳边。"充满了昂扬的意气,洋溢着强烈的浪漫主义情怀。杜甫在《饮中八仙歌》中这样描写李白:"李白斗酒诗百篇,长安市上酒家眠。天子呼来不上船,自称臣是酒中仙。"这几句诗像一幅形象逼真的素描画,把李白喜欢喝酒而且狂放不羁、不阿谀权贵的豪侠性格生动、形象地表现了出来。至今,新丰镇西北的渭河南岸有一个村叫冯李村,这个村子原来被称作胡李邸,相传李白曾在这个村子住过,并从这里出发去了长安。在长安,他写下了《赫蛮书》,为朝廷争了光彩,又写下了《菩萨蛮》,颂扬了杨贵妃超群的美艳姿色。有人说,唐玄宗要为他建府邸,他就选择了骊山下这个他曾经住过一夜的村子,让皇帝为他在这里修建府邸。因为李白曾经到过中亚,懂得中亚一带的文字,所以,人们称朝廷为李白修建的这个府邸为胡李邸,人们也把这个村子叫做逢李村。后来时间长了,逢李村被叫成了冯李村。当然这一切都不一定是事实。

杜甫(712—770)字子美,世称杜少陵或杜工部。他出生在河南巩县城外瑶湾村。杜甫是一位伟大的现实主义诗人,他在唐朝做过拾遗的小官。但他心系百姓,用他的诗来反映人民的疾苦。他的"三吏""三别"《羌村》《兵车行》等名篇,反映唐朝天宝以后政治逐步腐败,人民悲欢离合的现实,所以他的反映社会现实的诗被称为"诗史",他由于对现实主义诗歌的贡献,则被称为"诗圣"。

◎ 杜甫像

杜甫和临潼也是有着不解之缘的。安史之乱以后,杜甫由长安出发去奉先(今蒲城县),他路过新丰,新丰附近有一条沟叫清泉沟,杜甫走过这条沟以后,当地人为了纪念这位伟大的诗人,就将这条沟改名为"杜甫沟"。骊山下有些村名或地名,包括杜甫经过的这条沟,都分别以杜甫、李白的名字来命名,充分反映了临潼人民对这两位伟大诗人深厚、真挚的追缅和怀念之情。

七、张载骊山传关学

张载(1020—1078),字子厚,本为大梁(今河南开封市)人,后迁徙至凤翔郿县(今陕西眉县)横渠镇,因此人称横渠先生。

◎ 张载像

张载是北宋著名的哲学家,也是宋代理学的创始人之一,他还是理学大家程颢、程颐的表叔,是理学支脉"关学"的创始人。他死后被封为先贤,奉祀于孔庙西庑第 38 位,与周敦颐、邵雍、程颐、程颢合称为"北宋五子"。他的学术思想在中国思想文化发展史上占有较为重要的地位,对中国以后的思想界产生了较大的影响。他的著作一直被明清两代政府视为哲学的代表作品之一,甚至作为科举考试的必读之书。

张载生前没有得到朝廷的重用,他死后,宋王朝为了笼络人心,便"赐"他为"谥公",又封他为眉伯,"从祀孔子庙庭"。程颐、程颢两兄弟甚至称颂张载的《西铭》为"孟子之后未有人及此"的儒家经典著作。张载的塑像也被允许入祀临潼文庙,因为"骊下乃(其)告终地也,故有祠"。清代乾隆二年(1737 年),临潼县令朱一蜚见张载曾讲过学的"书院倾圮日久,乃坚请山长,广致生徒",募集到一笔钱,重新整修扩建。崔继在《重修横渠书院记》中评价说:"夫横渠张子,千古之大儒也。生于眉邑,而临潼实升座谈经之地。书院之重修,岂顾问哉!"

在古代,位于骊山脚下临潼一带教书育人的场所,除学宫(文庙)之外,还有四大书院:始建于宋代的白鹿书院、横渠书院,始建于元代的居善书院(在栎阳),始建于明代的渭北书院(又名关山书院)。在这四大书院中,最有名的是横渠书院(在今天的临潼区华清小学内),这个书院就是当年张载传授学问的地方。张载在横渠书院教学的时候被朝廷重新召用,但是不久,他便称病辞职而西归家乡,途经洛阳,回到临潼,不幸病重而辞世于临潼馆驿。

骊山脚下的横渠书院,是张载讲学和成就学说最重要的地方。传说这里有张载讲学时的手植柏树,这是他最为珍贵的生命经历的见证物。关学后辈庄大中在《横渠书院古柏赞》中写道:"我师先哲,化雨沾洒;桑梓必恭,敬立为社。以时讲习,于林之下,栽之培之,我心斯写。"横渠书院里,有很多建筑、古碑、古树、名木等,但这些尽毁于 20 世纪 50 年代的"大跃进"时期。

所谓"关学"即关中(函谷关以西、大散关以东,古代称关中)之学,这是从地域角度而言的,因其创始人张载等人都是关中人,所以将张载的理学称为"关学";就其内涵性质而言,关学属于宋明理学中"气本论"的一个哲学学派;又因其创始人张载世称"横渠先生",所以又有人把关学称为"横渠之学"。

张载创立关学之初,关中学子便积极追随,其中以蓝田吕氏兄弟最为踊跃。关学与程颐、程颢的"洛学"、王安石的"新学"等学派,形成了鼎立之势。关学对 600 年以后的关中另一位大儒李颙

(即李二曲)产生了一定影响,李颙的学说也被称为"关学",这与张载的"关学"不无关系。

张载的"关学",以《易经》为宗,以《中庸》为体,以《礼》为用,以孔、孟之学为法。张载是一个具有朴素的唯物主义观点和辩证法思想的哲学家,他的"太虚即气"和"一物两体"学说就是见证。他提出了以"气"为本的宇宙论和本体论哲学思想,认为宇宙的构成主要分为三个层次:即太虚、枣气、枣万物,这三者是同一实体的不同状态,它们之间的关系是相辅相成的。这是一种以"气"为一元论的唯物论之本体论,是中国古代朴素唯物论哲学发展的一个里程碑。张载还从其"气"本论的哲学出发,提出了"民胞物与"的伦理思想,确立了他对佛道思想的批判立场。与一般理学的学派不同,张载的关学特别强调"通经致用",以"躬行礼教"倡道于关中,他还十分重视《礼》学,注重研究法律、兵法、天文、医学等各方面的问题。

他一反"二程"以"理"为万物本源的说法,把"气"作为万物的本源。他认为由于气的聚散和变化形成了客观世界的各种物质现象,气聚拢时而为万物,气散开时就成为无形的"太虚"。他认为气分阴阳两端,即事物都有对立的两个方面,两个方面的矛盾斗争形成了宇宙间万事万物的运动。他把矛盾运动称为"参"。这个"两端一参"论,是他和"二程"学说的最大区别。再比如他的"地球中心"学说,他认为地球是宇宙的中心,本身有自转,由太阳、月亮以及其他五颗星宿组成的七曜,与地球同时向左旋转,只是因为转速不同而形成了在地面上看有左旋、右旋。这样的科学观点在当时是非常先进和可贵的。

张载的思想具有独创性。他的"天人合一""民胞物与"思想,不仅强调人的主观能动性,也反映了平等原则。这样的思想在张载之前是没有人提出过的,不能不说是他的独创。在人类生态环境已经发生危机的今天,他的这一思想显得格外珍贵;他还主张恢复井田制,认为井田制可以使百姓贫富均匀,丰衣足食;他主张爱护天下所有的人和物,不要贪婪,不许霸占。这无疑是继承并发展了儒家"仁民爱物"的观点。

他提出并主张"学必为圣""经世致用""笃行践履"的重事件的学说,反对空知不行,学而不用;始终坚持高度关注国家、关注社会、关注民生,积极参与社会的变革实践,并且在实践中丰富和发展自己的学问。冯友兰先生评价说,张子四句"为天地立心,为生民立命,为往圣继绝学,为万世开太平",概括了哲学家的最高境界。

他在教学方面提出四种原则和方法:一是勤学博文,以求义理。他认为"学愈博则义愈精微",博学可以从中求到义理,"勤学可以修身";二是"尽人之材"。认为人是有差异的,教人要根据差异尽其才,乃不误人;三是提出可接受性和渐进性原则。他认为"教之而不受,虽强告之无益"。所以,教学要注意受教育者能否接受,并注意渐进;四是教学相长。他认为教师在教学过程中有"四益":"常人教小童亦可取益。绊己不出入,一益也。授人数次,己亦了此文义,二益也。对之必正衣冠,尊瞻视,三益也。尝以因己以坏人之才为之忧,则不敢堕,四益也。"

关学作为儒学史上承前启后的一个重要学派,从北宋一直传到清末,延续了 800 年左右,是中国封建社会中后期最为重要的哲学思想与学术流派之一,对中华民族文化影响深远。明代著名学者王阳明曾评价说:"关中自古多豪杰,其忠信沉毅之质,明达英伟之器,四方之士,吾见亦多矣,未有如关中之盛者也。"1978年,中华书局重新刊印了《张载集》《中国思想史》《中国哲学史新编》《宋明理学史》等重要典籍,这些著作都对张载的哲学给予了充分的肯定。

八、物华天宝聚人杰

1、旷世英才蔺相如

◎ 和氏璧

　　春秋战国时的赵国有一位名相叫蔺相如,传说他是今天骊山脚下临潼区代王镇门家村人。当年他从秦国到赵国去发展,为了落脚,先是做了宦官头儿缪贤的舍人。当时的赵惠文王意外地得到了楚国的和氏璧,和氏璧名闻天下,价值连城。秦昭王听说以后,就派人告诉赵王说,秦国愿意拿15座城池来换和氏璧。赵惠文王得到秦昭王想要和氏璧的消息后很为难,如果不给秦王,秦国肯定会发兵攻打赵国;如果给了秦王,他绝对不会给15座城池。秦国很强大,赵国得罪不起。那么,该派谁去解决这个难题呢?这时缪贤向赵王推荐了他的门客蔺相如,于是蔺相如被召进宫中,蔺相如对赵王保证说,秦国如果不给赵国15座城池,就一定将和氏璧完整地归还赵国。赵王听了很高兴,就派蔺相如带着和氏璧出使秦国。

　　蔺相如带着和氏璧到了秦国都城咸阳。秦王拿到了蔺相如献上的和氏璧以后,非常高兴,他将和氏璧传给在座的人观赏,却绝口不提划割15座城池给赵国的事。蔺相如看透秦王的心思,便对秦王说:"和氏璧上有一处瑕斑,让我给你指出来。"秦王不知是计,就将和氏璧递给蔺相如,蔺相如拿到和氏璧,往后退到柱子跟前站住,义正词严地数落秦王背约的行径,并说:"你如果敢强抢

和氏璧的话,我就把和氏璧撞
坏在柱子上,然后我也碰死在
柱子上。"秦王害怕蔺相如真
的这样做,所以不敢逼迫他。
他赶紧叫人拿来地图,指着地
图对蔺相如说,这里这里是给
赵国的城池,总共 15 座。但
是蔺相如不相信秦王的话,
以拖延的口气说:"和氏璧是
神器,不能随便对待,应该斋
戒五日,然后再举行迎璧大典。"秦王没办法,只好同意了。

◎ 蔺相如以生命保护
和氏璧

　　蔺相如回到住处后,悄悄地让他的随从将和氏璧带回赵国,
自己仍然留在秦国。5 天以后,秦王设下九宾之礼,迎接和氏璧,
派人以隆重的礼节来请蔺相如。见到秦王后,蔺相如说:"我把和
氏璧已经送回赵国了,你把 15 座城池交给赵国后,赵国自然会将
和氏璧送来。"秦王很恼怒,恨不得把蔺相如杀了,但是他又想,即
使杀了蔺相如,也得不到和氏璧,还破坏了与赵国的关系,在诸侯
国影响也不好。不得已,他只好将蔺相如放了。蔺相如回到赵国
后,由于护宝有功,被赵王封为上大夫。

　　蔺相如由于不辱使命,出使有功,为赵王争得了荣誉,遏制了
秦王的嚣张气焰,回国后又被赵王加封为上卿,位在赵国大将军
廉颇之上。于是,在赵国内部又上演了廉颇欺侮蔺相如,此后又向
蔺相如负荆请罪,从此二人精诚团结,服务于国家的"将相和"一
幕,使秦国始终不敢攻打赵国。

　　蔺相如在骊山脚下的家乡叫蔺家村,后来因故改名为门家
村。传说后来赵惠文王年纪大了,他想锻炼一下太子,好让他以后
治理好赵国,就向蔺相如说:"你的家乡真好,居住长寿原上,一眼
望去,辽阔平坦的八百里秦川尽收眼底,南望骊山秀丽悦目,北看

渭水奔流不断,要花钱有金山,要玩石头有玉川,要吃饭有面杖岭,要吃油有油河川,这是不是事实?"赵王所提到的长寿原、秦川、渭水、金山、玉川等地方,都在骊山一带。赵王很向往这个地方,于是就让蔺相如带上太子到骊山看一看。蔺相如带着太子,跋山涉水,不远千里,来到了关中平原。在临潼的大小金山交界处,太子看到满地上的沙石熠熠闪烁,他以为这就是所谓的金子。蔺相如对太子说:"这是含金的沙子,要在炼金炉里炼一下,才能炼出金子来。"太子便让人将沙子带上,下山炼金。但他们却只炼出了一些生铁。当地人便将这地方叫铁炉。他们到了油河川,只见河里流着水,并没有油。他们到了戏河,太子不幸暴病身亡。

蔺相如因为没有保护好太子而被赵王斩首挖心,惨遭极刑。赵王还不解恨,发誓要将蔺相如家满门抄斩,还要诛灭九族。消息传到蔺家村,蔺氏家族一片恐慌。有一位族人想了一个办法,将蔺字斩首挖心,就是去掉草字头和门字中的佳字,便改成了门姓。赵王派的人到了蔺家村,一问村中人都姓门,村子也叫门家村,不叫蔺家村,没有一个人姓蔺,他们只好作罢。于是,这个村的蔺氏后人都改姓门,原来的蔺家村也叫成了门家村。

据清代乾隆《临潼县志》记载,在县东北 30 里地的戏河东岸,有一处墓葬,传说是蔺相如的墓。在墓的西北处就有个门家村,这个村子就是传说中蔺相如生长的故乡蔺家村。据真实历史记载,赵国太子是出天花而死的,后来埋在临潼区代王镇东南的八里坡,人们称其为龙骨堆。这些都成为现在人们探寻故迹的地方,而这些传说故事,又为这些故址增添了几分神秘色彩,既令人怀恋不已,又让人畅想无限。

2、文字学家胡毋敬

胡毋敬,秦代栎阳(今临潼区)人,是我国早期著名的文字学家。胡毋敬最初是秦国的狱吏,他刻苦好学,知识渊博,后被朝廷提升为太史令,掌管天象、历法等重要事务,而且兼修历史等重要工作。

秦始皇统一全国以后,对原来六国不同的文字进行了大力改革。因为在战国时期,各国文字差别很大,行文很混乱,不但妨碍了政令的执行,而且严重影响着经济和文化的发展交流。因此在秦始皇的统一部署之下,朝廷宣布国家文字以以前秦国延续下来的小篆为统一书写形式,废除了其他六个国家或地方文字。朝廷命令李斯、赵高、胡毋敬等人分别用小篆书体编写了《仓颉篇》《爰历篇》《博学篇》等典籍,作为全国通用的范本,并规定这三部抄写著作是规范化书写形式,不能再用其他书写形式,针对少年儿童初学的识字课本均以这三本书为经典,同时向成年人大力推行小篆标准的规范化文字教材。秦朝在推行篆书的同时,又在全国广大民众中推广比小篆更加简便的新书体,这就是后来在历史上流行的"隶书"。秦始皇还派专家程邈对隶书进行专门的整理,并在全国强行推行。由胡毋敬等人主持的小篆书法、隶书书法,对中国

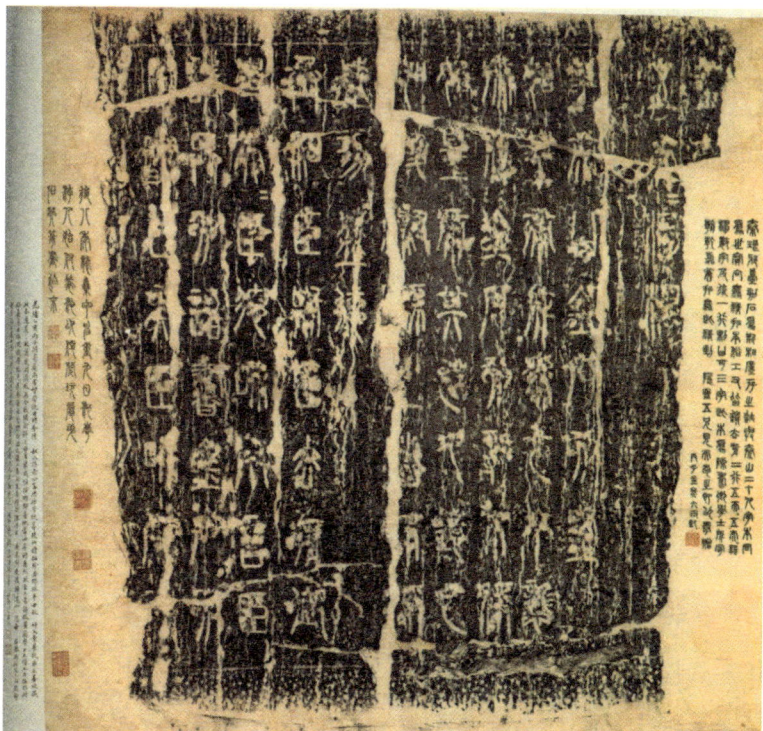

◎ 琅琊台刻石

文字的统一起到了极大的规范化作用。小篆和隶书的被规范化行动，是中国文字由不统一的古体向明朗化、统一化、规范化方向发展的重要举措，对中华民族文字的发展、对国家文化事业的推动等，起到了巨大的贡献作用。

胡毋敬精通古文字，他在朝廷供职的时候，参与了把大篆改为小篆的文字改革工作，这是光荣却又很艰巨的工作。由于他们的具体劳动，也使他们名垂青史，确实可以用功德无量来称颂他们。东汉时许慎所撰写的《说文解字》，就收集了由秦朝流传下来的小篆9353字。小篆在中国文字发展史上有着特殊的地位，是联结古文字和今文字的桥梁。

小篆是中华古文字发展阶段的重要里程碑，它对古文字形体的规范和整理，为汉字顺利过渡到今文字奠定了坚实的基础。它对我国汉字的规范化、各地文化的交流、汉文化的发展以及书法的发展等，都具有不可磨灭的作用，对研究我国文化的发展，尤其是汉文字的发展，具有重要的历史意义和学术意义。小篆的诞生源自于中华汉字发展史上第一次大规模的文字规范化运动，这次运动结束了自战国以来的汉字长期混乱的局面，为促进民族团结和国家统一作出了重大贡献。在这个运动中，胡毋敬是一个重要的历史贡献者。

3、清官名儒王零川

王零川，又名王巡泰，字岱宗，他是临潼零口人，号为零川，并以号行世。王零川早年师从关中武功名儒孙景烈学习，清朝乾隆十九年(1654年)中进士，曾在山西、广西等地任知县等官职，后来擢升到朝廷任吏部考功司主事及直奉大夫。

王零川一生为官清正廉洁，亲政爱民，是封建社会一个非常难得的清官。在任期间，王零川经常微服出访，体察民风民俗，广泛了解民间疾苦和社会实情，为民众排忧解难。

王零川在广西兴业任知县的时候，有一次他到下面去巡查，在民间了解到一件陈年冤案，拖了很久得不到解决。这件案子原委是这样的：有一个农家妇女，丈夫多年在外打工，平时很少回家。有一次偶然回家后，和妻子在家里睡觉，但是第二天早晨起来，妻子突然发现丈夫死了。这件事很蹊跷，外人不知道其中原委，夫家人认为是这个妇女把她丈夫害死了，于是就把她告到了官府。当地官僚没有进行调查，就把这个妇女关押起来。被告不服，极力辩解自己没有杀害丈夫。但是官方没有足够的证据，既不能证明女主人无罪，也没有确凿的证据给这个女人定罪，所以，这个案子就这样悬置起来，妇女也没有被放，而是羁押在狱中。王零川出访时接触到了这个案子，他觉得这里面有问题，也许这位女主人是被冤枉的，于是他就亲自查阅案卷，同时进行走访，而且对被告也进行了解。王零川通过种种迹象，觉得这个男子的死因有疑惑，需要认真查处，不能轻易下结论。

他进一步深入到当地民众中，首先了解当地的民风民情，生活习惯，再详细了解这位农妇平时的表现，为人情况，和邻居的关系等等，他认为这些都是和案情有关的重要背景资料，不能轻易忽略。他还亲自到这位农妇家里勘察事发现场，发现在这家夫妇居住的房子的墙上，有一道明显的缝隙，这个缝隙呈现出光滑的样子，证明有东西通过这个缝隙出入过房间。他又到墙外的房子周围勘察，结果发现院子的一块大石头旁边有一个小洞，他从这个小洞联想到自己曾经看过的一本书上的内容，那本书记载，江南有一种铜鞭蛇，是毒蛇，这种蛇形状就像鞭子，尾巴锋利得像宝剑一样，能够致人以死命。这种蛇喜欢石头，所以经常在石缝间活动，但是它却很怕火。于是他让手下人抱来干柴火，放在石洞口上，然后点着，让烈火和浓烟熏石洞，并让大家在旁边观察。不一会儿，从这个小石洞里蹿出了一条蛇，只见这条蛇一跃而起，高达好几丈，在空中扭曲了几下，最后掉在火堆中被烧死。王零川对在场的人说，这条蛇就是罪魁祸首，是它杀死了这家男主人，这和女主人无关。于是,农妇的冤案得到昭雪,王零川从此在当地名声大振,人们都把他称作"王青天"。

王零川在山西五寨县也任过县令。他在这里为官时,当地不种棉花,妇女们也不懂得纺线织布,所以这地方除了种一般的庄稼,就再没有其他的经济收入,因此缺衣少穿,生活比较贫穷。王零川到了任上以后,他想办法发展生产,搞活经济,改善当地人们的生活条件。他从老家陕西临潼、渭南、华县等地,聘请了几百名种植棉花的行家,还有纺线织布的能手,让他们带上棉花种子、纺线车子、织布机等工具,到五寨县来,无私地向当地农民传播种植棉花的知识经验,帮助妇女们学习纺线、织布、缝衣服等技术和本领。陕西关中一带,是历史上著名的渭河冲积扇平原,号称八百里秦川,土地平阔,地质优良,水土条件良好,适宜于种植各种庄稼,更是产棉的地区,经济条件比山西五寨这个地方好多了。王零川的这个举动,为五寨人民的生活带去了福音,他们在陕西乡亲们的帮助带动下,通过种植棉花、纺线织布、缝制衣服,很快就摆脱了艰苦、穷困的生活,经济条件得到了很大的改观。当地人民打心底真诚地感激王零川对他们的扶助,他们称王零川为"神农再世",封王零川为"王圣人"。

王零川中年以后辞去官职,成为一个普通的民众,他没有回家享清福,而是不辞辛苦地到处游学,向人们传播知识。他的足迹遍布京城、山西、陕西等地方,他在所走过的地方培养了不少的弟子,可谓桃李众多,遍及天下,就连乾隆皇帝的太子颙琰(即后来的嘉庆皇帝)都成为他的弟子。关于嘉庆皇帝早年跟他学习时,还有一段小故事呢。有一天,皇太子贪玩,不用心读书,王零川罚太子跪读书本,但是遇到了祖护孙子的皇太后。太后到书房监督时,发现老师体罚孩子,就态度骄横、气焰嚣张地当面指摘老师:"读书是天子,不读书也是天子,你不能罚孩子跪地!"王先生理直气壮、针锋相对地回击太后说:"读书者尧舜也,不读书者桀纣也。"

皇太后并不罢休,对先生抗议道:"世上哪有天子向臣子下跪的道理?"王零川毫不退让地说:"天字出头是夫子,夫高于天,现在天子是向夫子下跪,而不是向臣子下跪。"皇太后被说得无言以对,只好气哼哼地走了。但是她还不善罢甘休,回到宫中就向乾隆皇帝告御状,乾隆听完后,对太后说:"王先生真是天子之师啊。"皇太后再也无话可说,只好以失败告终。

根据历史记载,后来的道光皇帝很崇尚王零川的学业和为人,他专门敕谕,在临潼零口这个地方给王零川先生立了一个神道碑,在神道碑的额上写着"天子之师"的圣谕,而且在神道碑的两旁还刻有"文官下轿,武官下马"的字样。再后来,咸丰皇帝还在零口为王零川立了祠堂。清朝末年,八国联军侵略北京的时候,慈禧逃到西安避难期间,专程到临潼零口拜谒了零川祠。民国初年,当地政府在零口建立了零川书院。

王零川在学术方面也有独特的建树,他在他人生的后半期一边游学,一边研究著述,留给后世的成果有《四书答记》《文法辑要》《从政遗篇》以及《零川诗文集》等数十种之多,这是他对自己人生的交代。

九、五月榴花照眼明

骊山石榴,历史悠久。

在临潼骊山上,放眼向山下眺望,到处都是"石榴坡""石榴园",山上山下,万亩石榴园成为骊山的一大自然景观,一株株粗壮高大的石榴树,盛开着繁星般的石榴花,煞是好看。石榴花本身并不发光,但在阳光下红得鲜艳、红得耀眼。热辣辣的五月时,每当石榴花开放时,只见那新芽嫩紫,花红似火。钟萼似的蓓蕾上,花序有的单朵独放,有的三五朵成簇,还有的像刚刚裂开嘴,又像

○ 榴花如火

乳婴在甜甜地微笑。大红的花瓣，金黄的花蕊，红黄相间，艳满枝头，更显出它的华丽多彩。徜徉在石榴园，你禁不住会被它的美所陶醉，让你流连忘返。凡是到临潼观光的游人，都会沉浸在花的海洋里，或置身于欢快热烈的氛围中，边走边游，不仅尽享榴花之妩媚，还可领略独特的石榴文化和民俗风情。

多年以来端午时节，在骊山一带，人们有在鬓角插石榴花的习俗。年轻漂亮的女孩或美丽动人的少妇，在云鬓上斜插一朵石榴花，恰如石榴五月迎火而出的热烈。莲步轻移，石榴裙随风款款摆动，会留下一路的风情和一路的火红。一朵含苞欲放的石榴花犹如炽热的思念，使我们所经历的岁月流光溢彩。我们可以想象，美丽无比的青春容颜，在火热的五月南风的吹拂下，会飘转成一片恣意的娇媚。在古代，中国女子就这样把美丽演绎得令人荡气回肠，只是现代社会生活节奏加快，人们为生计所迫，似乎都很匆忙，所以，往往忽略了路边的石榴花开得正美丽，更没有闲情逸致去迎合自然美了。

○ 籽粒饱满的石榴果

临潼石榴是陕西一大特产，它集全国石榴之优，素以色泽艳丽、果大皮薄、汁多味甜、核软鲜美、籽肥渣少、品质优良等特点而著称。名居全国五大名榴之冠，被列为果中珍品，历来是皇帝的贡品，享誉九州，驰名海外。临潼石榴畅销国内外，年出口量数十万公斤。

　　骊山下还有一种可与石榴齐名的水果，便是"火晶柿子"，这也是骊山的特产。柿子个头不大，约有乒乓球大小，成熟后颜色鲜红，皮外有淡淡的一层白霜，看起来好像在水晶里一样，所以称作火晶柿子，或火景柿子、火镜柿子。成熟的火晶柿子，薄薄的外皮剥下后，肉皮火红，肉质甜美，带有清香味道，任何其他地方的柿子，都不能够与之相比拟。一方水土产一种作物，其他地方是不能取代的，这便是生物的地方特色。它同石榴一样，不但农家院中栽种，也有成片柿树林，在瘠薄的土壤中也一样生长。石榴与火晶柿子，都是这里向全国各地和海外输出的主要地方产品。柿子除了可以作水果食用外，还有养生价值。它可以补虚劳不足，健脾，开胃，消痰止咳，治吐血，润心肺，润声咳，杀虫，温补，生津止渴等等。

敬　告

　　本书使用的部分图片作者未能联系，深表歉意。敬请原作者及时与我社联系，提供您的联系地址、邮编和电话号码，我社将按照有关标准给付稿费，谢谢。

西安曲江出版传媒股份有限公司

2011 年 10 月 10 日

图书代号:SK11N0604

图书在版编目(CIP)数据

骊山绣语/兰宇著. —西安:陕西师范大学出版总社有限公司,2012.1
(骊山物语)
ISBN 978 - 7 - 5613 - 5612 - 8

Ⅰ.①骊… Ⅱ.①兰… Ⅲ.①山 - 文化史 - 西安市 Ⅳ.①K928.3

中国版本图书馆 CIP 数据核字(2011)第 107520 号

骊山绣语

作 者	兰 宇	
责任编辑	范婷婷	
文字统筹	张爱林	
封面设计	西安美灵广告有限责任公司	
出 版	陕西师范大学出版总社有限公司	
	(西安市长安南路 199 号 邮编710062)	
发 行	西安曲江出版传媒股份有限公司	
	(西安市雁塔南路 300 - 9 号曲江文化大厦 C 座 邮编710061)	
网 址	http://www.snupg.com http://www.xaqjpm.com	
印 刷	西安煤航信息产业有限公司	
开 本	710mm×1020mm 1/16	
印 张	10	
字 数	100 千	
版 次	2012 年 1 月第 1 版	
印 次	2012 年 1 月第 1 次印刷	
书 号	ISBN 978 - 7 - 5613 - 5612 - 8	
定 价	36.00 元